LITERATHEK

Herausgegeben von Anne Steiner und Daniela A. Frickel

Henrik Ibsen

Nora *oder*
Ein Puppenheim

Texte und Materialien
bearbeitet von Annette Kliewer

Literathek

Henrik Ibsen **Nora *oder* Ein Puppenheim**

Redaktion Grit Ellen Sellin
Umschlaggestaltung und -illustration Sarah Humeniuk, Berlin
Umschlaglayout Corinna Babylon, Berlin
Technische Umsetzung straive

www.cornelsen.de

Dieses Werk berücksichtigt die Regeln der reformierten Rechtschreibung und
Zeichensetzung. Ausnahmen bilden Originaltexte, bei denen lizenzrechtliche Gründe
einer Änderung entgegenstehen.

1. Auflage, 1. Druck 2022

Alle Drucke dieser Auflage sind inhaltlich unverändert
und können im Unterricht nebeneinander verwendet werden.

Druck: H. Heenemann, Berlin

ISBN 978-3-06-211023-8

PEFC zertifiziert
Dieses Produkt stammt aus nachhaltig
bewirtschafteten Wäldern und kontrollierten
Quellen.

www.pefc.de

Inhaltsverzeichnis

Kurzbiografie

mauritius images/World Book Inc.

Henrik Ibsen (1828–1906)

»Leben heißt – dunkler Gewalten
Spuk bekämpfen in sich.
Dichten – Gerichtstag halten
Über sein eignes Ich«

(Brief an Ludwig Passarge, München, 16. Juni 1880).

Henrik Johann Ibsen wurde am 20. März 1828 als Sohn des wohlhabenden und angesehenen Kaufmanns Knud Plesner Ibsen (1797–1877) und dessen Frau Marichen Cornelia Martine, geborene Altenburg (1799–1869), in Skien an der norwegischen Südküste geboren. Skien war damals eine der bedeutendsten Hafenstädte Norwegens. Die Familie Ibsen galt als sehr angesehen in der Handelsstadt und bestimmte das gesellschaftliche Leben mit. Im Alter von acht Jahren veränderte sich jedoch das Leben des jungen Henrik und seiner Familie. Sein Vater hatte sich bei Geldgeschäften übernommen und musste all seinen Besitz verkaufen. Er konnte nur das Landgut Venstøp in der Nähe von Skien behalten, auf das sich die Ibsens zurückzogen. Der Umzug veränderte das Leben der Familie: Der Vater trank viel, die Mutter zog sich in eine Parallelwelt um ihre Puppensammlung und ihre selbst gemalten Aquarelle zurück. Der junge Henrik malte sehr gern, spielte Puppentheater und interessierte sich für Literatur.

1843 kehrte er in die Stadt nach Skien zurück, wo er die Realschule beenden sollte, die er jedoch als Fünfzehnjähriger ohne Abschluss verließ. Seine Familie drängte ihn dazu, selbst für seinen Lebensunterhalt zu sorgen, so musste er seinen Traum, Maler zu werden, aufgeben und stattdessen eine Lehre als Apotheker in dem 130 Kilometer entfernten kleinen Ort Grimstadt beginnen. Ibsen wollte sich weiterbilden, er las viel und konnte sich in der Bücherei viele Bücher ausleihen, die er sich sonst nicht hätte leisten können. Er schrieb erste Werke, darunter auch Liebesgedichte. 1846 hatte er eine Beziehung zu einer zehn Jahre älteren Dienstmagd, der ein Sohn (Hans Jacob Henriksen) entstammte. Ibsen musste fortan auch für den Unterhalt seines unehelichen Sohnes sorgen. Nicht nur deshalb hatte er große finanzielle Probleme.

Er interessierte sich mehr für Literatur und Theater als für seine Ausbildung, zeichnete Karikaturen über die Kleinbürger des Ortes und verfasste als erstes Werk ein Theaterstück zu dem römischen Senator Lucius Sergius Catilina (1848/9), das trotz der Veröffentlichung kaum wahrgenommen wurde.

1850 ging Ibsen nach Christiania, das heutige Oslo, wo er die Heltberg'sche »Abiturientenfabrik« besuchte. Hier wollte er gegen Bezahlung das Abitur nachholen, scheiterte jedoch an den Prüfungen in Griechisch und Arithmetik, damit war eine akademische Laufbahn nicht möglich. Er kam in Kontakt zu der Arbeiterbewegung und schrieb Theaterkritiken und Artikel, in denen er sich politisch für die Belange der Arbeiter einsetzte. Außerdem nahm er Kontakt zu Intellektuellen auf, allen voran dem sehr bekannten Schriftsteller Bjørnstjerne Bjørnson (1832–1910), der sein weiteres Leben begleitete und ihn immer wieder, auch materiell unterstützte. Mit seinen Artikeln und Kritiken konnte Ibsen kaum seinen Lebensunterhalt bestreiten, doch seine Bekanntheit nahm zu, als sein Stück *Das Hünengrab* 1850 im Christiania-Theater aufgeführt wurde.

Im November 1851 erhielt Ibsen das Angebot, als Hausdichter und künstlerischer Leiter am norwegischen Theater in Bergen zu arbeiten, was er annahm. *Det Norske Theatret* war 1850 als erste norwegischsprachige Bühne gegründet worden. Zu dieser Zeit gab es Bestrebungen, eine norwegische Nationalkultur gegen Dänemark herauszubilden, das seit 1814 Norwegen verwaltete. Dänisch war die Sprache des norwegischen Bildungsbürgertums, das Dänische galt als vornehm. Dagegen gab es Widerstand: Eine spezifisch norwegische Kunst und Literatur und ein norwegisches Theater sollten entstehen. Ziel dieser Bestrebungen war es, auf das Konzept einer »Volksseele« zurückzugreifen. Mit diesem Begriff wollte eine Bewegung in ganz Europa vermitteln, dass die ursprünglichen Ideen eines Volkes in der mündlich tradierten Literatur ihren Ausdruck finden. Ibsen unterstützte die Bewegung und beschäftigte sich mit klassischen und modernen Autoren, z. B. mit dem französischen Dramatiker Eugène Scribe, der für ihn ein großes Vorbild wurde. Dessen *Vaudevilles* waren populäre Komödien mit Gesangseinlagen, die perfekt konstruiert waren. Laut Vertrag mit dem *Norske Theater* war Ibsen verpflichtet, jedes Jahr ein neues Stück zu schreiben. Durch die intensive Schreibtätigkeit sowie seine Einblicke in die Bühnentechnik und die Dramaturgie lernte er die Arbeit am Theater genau kennen. Ibsen beschäftigte sich mit altnordischer Geschichte und Volkskunde. Es entstanden Dramen, die das norwegische Nationalerbe (Sagen, Lieder, Märchen) aufgriffen und die in eine romantische Bewegung eingeordnet werden können wie *Die Johannisnacht* (Uraufführung [UA] 1853), *Frau Inger auf Östrot* (UA 1855) und *Das Fest auf Solhaug* (UA 1856).

1852 erhielt Ibsen ein Stipendium der Theaterverwaltung und unternahm eine Studienreise nach Kopenhagen und Dresden, um dort andere Formen von Literatur und Theater kennenzulernen. Er las u. a. *Das moderne Drama* (1852) von Hermann Hettner, eine Theorie zum realistischen Drama, in der er den Satz fand: »Das historische Drama muss durch und durch aus dem eigensten Herzblut der eigenen Zeit herausdichten und dabei doch den Lokalton des geschichtlichen Helden mit Sicherheit treffen« (Hettner 1852, S. 59). Diese Anregungen brachte Ibsen an das *Kristiania Norske Theater* in Christiania zurück, dessen Leiter er 1857 wurde. Aus dem alten Christiania-Theater, das eine dänische Besetzung hatte, war ein norwegisches Nationaltheater geworden, dessen Spielplan Ibsen nun mitbestimmte, allerdings mit einem geringen Gehalt. Damit konnte er seine Familie – am 18. Juli 1858 hatte er Suzannah Thoresen geheiratet, 1859 wurde ihr Sohn Sigurd geboren – kaum ernähren.

Nach dem Konkurs des Theaters im Jahr 1862 verließ Ibsen 1864 Norwegen, er fühlte sich angefeindet und vom Parlament zurückgesetzt, an das er mehrere Förderanträge gestellt hatte. Er kritisierte auch, dass Norwegen Dänemark nicht im Kampf gegen den *Deutschen Bund* im Deutsch-Dänischen

Krieg unterstützte. Bjørnson organisierte für seinen Freund Ibsen ein Stipendium für eine Studienreise, zunächst nach Rom, 1868 nach Dresden und 1874 nach München. Hier entstanden Ibsens bis heute berühmte Dramen, u. a. *Brand* (1866, UA 1885), was ihm international und in seinem Heimatland den Durchbruch verschaffte. Das Parlament von Norwegen zeigte sich bereit, ihm eine jährliche Dichtergage ins Ausland zu überweisen. Ibsen galt als Nationaldichter, erhielt Auszeichnungen und war der offizielle norwegische Vertreter bei der Eröffnung des Suezkanals 1869.

Eines der bekanntesten Stücke, das dramatische Gedicht *Peer Gynt*, wurde 1874 als Drama inszeniert und 1876 mit Musik von Edvard Grieg aufgeführt. Darin griff Ibsen auf ein altnordisches Feenmärchen zurück und setzte sich in seiner Adaption kritisch mit dem romantischen Nationalismus im Norwegen seiner Gegenwart auseinander.

Die Aussagen in Ibsens Dramen wurden sozialkritischer: Er beschäftigte sich mehr mit der Situation der modernen Gesellschaft und ihrer Auswirkung auf die oder den Einzelnen. In der Komödie *Der Bund der Jugend* (1868/69) sahen seine Zeitgenossen in der Figur des scheiternden Sozialrevolutionärs Steensgaard das Abbild seines Freundes Bjørnsons, was in der Folge dazu führte, dass dieser sich von Ibsen distanzierte.

Ab 1877 begann Ibsen mit einem neuen Stil des Dramas, das heute als »naturalistisches Gesellschaftsdrama« bezeichnet wird. Es fand sofort in ganz Europa Anklang und ist noch heute auf den Bühnen präsent. Das erste Stück dieses neuen Stils war *Stützen der Gesellschaft* (UA 1877); hier wandte Ibsen sich der Gegenwart zu und stieß mit seinem Interesse an inneren menschlichen Konflikten vor allem in Deutschland auf große Begeisterung. In Berlin wurde 1878 das Stück an fünf Bühnen gleichzeitig aufgeführt. Am Beispiel des korrupten Reeders Konsul Bernick wird hier entlarvt, wie alle wohlangesehenen Bürger ihr Ansehen auf Lügen aufbauen. Überhaupt geht es Ibsen immer wieder darum, das menschliche Individuum mit seinen Fehlern und Schwächen zu zeigen und Betrügereien, Scheinheiligkeiten und Korruption aufzudecken. Das nächste Stück, *Nora oder Ein Puppenheim* (1879, UA im Dezember in Kopenhagen), wurde ein gesellschaftlicher Skandal: Ibsen musste den Schluss auf Druck der Theater abschwächen, um eine Aufführung in Deutschland überhaupt zu ermöglichen. Das folgende Stück *Gespenster* (UA 1881) konnte in Europa zunächst gar nicht gespielt werden, sondern nur in den USA, vor skandinavischen Einwanderern: Auch hier geht es – ähnlich wie in *Nora oder Ein Puppenheim* – um eine Lebenslüge, der eine Frauenfigur nicht entkommen kann, die bürgerliche Ehe. In diesem Drama thematisiert Ibsen Ehebruch, Syphilis und Inzest, worauf die Öffentlichkeit empört reagierte. Immer wieder setzt sich der Autor mit den Themen »Sein und Schein«, mit den herrschenden Normen und mit der Spießbürgerlichkeit seiner Umgebung auseinander, etwa in dem Stück *Ein Volksfeind* (1882). In seinem Schauspiel *Die Wildente* (1884) stellt Ibsen die Frage, ob es die Menschen glücklich macht, wenn Familiengeheimnisse bedingungslos aufgedeckt werden. *Rosmersholm* (1886) widmet sich dem Thema »Missbrauch« und macht nachvollziehbar, welche traumatischen Folgen sich für das Opfer ergeben. *Die Frau vom Meere* (1888) und *Hedda Gabler* (1890) thematisieren wiederholt Frauengestalten mit ihrem Emanzipationbestreben und Freiheitswillen.

Ibsen wurde international berühmt und beeinflusste besonders die Literatur der Naturalisten in Deutschland (Arno Holz, Gerhart Hauptmann, Hermann Sudermann). Er erhielt die Ehrendoktorwürde in Uppsala und zog 1878 wieder zurück nach Italien, in die Nähe von Sorrent, und nach Südtirol, mit kurzen Aufenthalten in München bzw. Berchtesgaden.

Erst im Jahr 1891 kehrte Henrik Ibsen nach einer Kreuzfahrt bis zum Nordkap nach Christiania zurück. Endlich ohne finanzielle Schwierigkeiten wurde er, besonders anlässlich seines 70. Geburtstags 1898, hoch geehrt. In seinen letzten Werken verarbeitet Ibsen seine eigene Situtation, etwa in einem Rückblick auf seinen Aufstieg als Künstler in *Baumeister Solneß* (1892), *John Gabriel Borkman* (1896) oder sein Fremdheitsgefühl nach seiner Rückkehr nach Norwegen (*Wenn wir Toten erwachen,* 1899).

1900 und 1901 erlitt er zwei Schlaganfälle, in deren Folge er halbseitig gelähmt war. Am 23.5.1906 verstarb er in Oslo. Seine letzten Worte sollen gewesen sein: »Im Gegenteil!« (»Tvertimod!«), was als Quintessenz seines Denkens gedeutet wurde, da es in seinen Werken immer um das Aufeinanderprallen von Gegensätzen ging. Er erhielt ein offizielles Staatsbegräbnis.

Ibsen wurde nach seinem Tod als der bekannteste Schriftsteller Norwegens geehrt. Bis heute wird alle zwei Jahre das internationale *Ibsen Stage Festival* veranstaltet, das seine Stücke in Inszenierungen aus der ganzen Welt zeigt (http:// ibsenawards.com). Seit 2008 gibt es den Internationalen Ibsen-Preis der norwegischen Regierung, mit dem eine Persönlichkeit, Organisation oder Institution aus dem künstlerischen oder kulturellen Bereich ausgezeichnet wird, die Bedeutendes im Geist von Henrik Ibsens Werk geleistet hat. Dieser Preis gilt auch als »Nobelpreis des Theaters«.

Nachdem zunächst wegen mangelnder Urheberrechte mehrere deutsche Übersetzungen nebeneinander existierten, entschied sich 1897 der S. Fischer Verlag, eine Gesamtausgabe mit einer neuen Übersetzung anzubieten. Als Übersetzer wurde der junge Christian Morgenstern gewählt, der zu diesem Zeitpunkt noch gar kein Norwegisch sprach, dem Herausgeber Georg Brandes aber geeignet schien, eine literarisch ansprechende Sprache zu finden (vgl. Dieck 2006). Eine Initiative des norwegischen Außenministeriums förderte sehr viel später, im Jahr 2013, ein Projekt am *Centre for Ibsen Studies* in Oslo: Ein interdisziplinäres Team von acht Übersetzerinnen und Übersetzern traf sich über einen Zeitraum von zehn Jahren regelmäßig, um die zwölf wichtigsten Stücke Ibsens direkt ins Spanische, Russische, Chinesische, moderne Arabische und umgangssprachliche Ägyptische, Hindi, Japanische und Persische zu übersetzen. In Deutschland hält die Begeisterung

für Ibsens Werke an: Sie gehören noch heute zu den meist-
gespielten Bühnenstücken und werden in den Schulen als
Kanonliteratur gelesen.

Literatur

Admoni, Wladimir: Henrik Ibsen. Die Paradoxie eines Dichterlebens.
München: C.H. Beck 1991 (Beck'sche Reihe; 619; Autorenbücher).

Anz, Heinrich (Hrsg.): Das große nordische Orakel. Henrik Ibsen als Leit-
bild der Moderne. Berlin/Münster: Lit 2009.

Dieck, Aenne tom: Ibsens Übersetzer. Die richtige Sprache am richtigen
Ort. (2006) In: https://norroena.hypotheses.org/209 [09.07.2022].

Ebel, Uwe / Magerski, Christine: Henrik Ibsen – ein Autor der europäischen Moderne. (Wissenschaftliche Reihe, 12). Metelen: dev 2007.

Ferguson, Robert: Henrik Ibsen. Eine Biografie. München: Kindler 1998.

Hemmer, Bjørn: Ibsen. Handbuch. München: Fink 2009.

Hettner, Hermann: Das moderne Drama. Braunschweig. F. Vieweg 1852.

Ibsen, Henrik: Sämtliche Werke. Bd. 1. Berlin: Fischer 1929[105].

Meyer, Hans Georg: Henrik Ibsen. Velber: Friedrich 1967.

Paul, Fritz (Hrsg.): Henrik Ibsen. Darmstadt: Wissenschaftliche Buchgesellschaft 1977.

Rieger, Gerd Enno: Henrik Ibsen. Mit Selbstzeugnissen und Bilddokumenten. 4. Auflage. Reinbek bei Hamburg: Rowohlt 2003 (Rowohlts
Monografien).

Wetzel, Heidi / Wetzel, Christoph: Henrik Ibsen. Salzburg: Andreas
1984.

Henrik Ibsen

Nora *oder* Ein Puppenheim

Schauspiel in drei Akten

Personen

HELMER, *Advokat*
NORA, *seine Frau*
DOKTOR RANK
FRAU LINDE
KROGSTADT, *Anwalt*
DIE DREI KLEINEN KINDER HELMERS
ANNE-MARIE, *Kinderfrau (bei Helmers)*
EIN HAUSMÄDCHEN *(bei Helmers)*
EIN DIENSTMANN

Ort der Handlung

Helmers Wohnung

Erster Akt

*Ein gemütlich und geschmackvoll, aber nicht luxuriös ein-
gerichtetes Zimmer. Rechts im Hintergrund führt eine Tür
in das Vorzimmer; eine zweite Tür links im Hintergrund
führt in Helmers Arbeitszimmer. Zwischen diesen beiden*
5 *Türen ein Pianino. Links in der Mitte der Wand eine Tür
und weiter nach vorn ein Fenster. Nahe am Fenster ein
runder Tisch mit Lehnstühlen und einem kleinen Sofa.
Rechts an der Seitenwand weiter zurück eine Tür und
an derselben Wand weiter nach vorn ein Kachelofen, vor*
10 *dem ein paar Lehnstühle und ein Schaukelstuhl stehen.
Zwischen Ofen und Seitentür ein kleiner Tisch. An den
Wänden Kupferstiche. Eine Etagere mit Porzellan und
anderen künstlerischen Nippessachen; ein kleiner Bücher-
schrank mit Büchern in Prachteinbänden; Teppich durchs*
15 *ganze Zimmer. Im Ofen ein Feuer. Wintertag.*

*Im Vorzimmer klingelt es; gleich darauf hört man, wie
geöffnet wird. Nora tritt vergnügt trällernd ins Zimmer;
sie hat den Hut auf und den Mantel an und trägt eine
Menge Pakete, die sie rechts auf den Tisch niederlegt.*
20 *Sie lässt die Tür zum Vorzimmer hinter sich offen, und
man gewahrt draußen einen Dienstmann, der einen Tannenbaum und einen Korb trägt; er übergibt beides dem
Hausmädchen, das ihnen geöffnet hat.*

NORA Tu den Tannenbaum weg, Helene. Die Kinder
25 dürfen ihn jedenfalls erst heut Abend sehen, wenn
er geputzt ist. *Zum Dienstmann, indem sie ihr Portemonnaie hervorzieht.* Wie viel – ?

DIENSTMANN Fünfzig Öre.

NORA Da ist eine Krone. Nein – behalten Sie den
30 Rest. *Der Dienstmann dankt und geht. Nora schließt
die Tür. Sie lacht noch immer stillvergnügt vor sich
hin, während sie den Hut und Mantel ablegt. Sie zieht
eine Tüte mit Makronen aus der Tasche und isst ein*

*Etagere: (frz.)
regalähnliches
Gestell*

*Nippessachen:
abwertende
Bezeichnung
für geschmack-
lose Kunstge-
genstände*

*geputzt:
geschmückt,
dekoriert*

*Öre, Krone:
norwegische
Währung seit
1875, 1 Krone =
100 Öre*

*Makronen:
Gebäck aus
Mandeln, Nüs-
sen und Eiweiß*

paar; dann geht sie vorsichtig an die Tür ihres Mannes und lauscht. Ja, er ist zu Hause. *Trällert wieder leise vor sich hin, indem sie rechts an den Tisch tritt.*

HELMER *in seinem Zimmer.* Zwitschert da draußen die Lerche? 5

NORA, *während sie einige Pakete öffnet.* Ja, das tut sie!

HELMER Poltert da das Eichhörnchen herum?

NORA Ja!

HELMER Wann ist das Eichhörnchen nach Hause gekommen? 10

NORA Diesen Augenblick. *Steckt die Makronentüte in die Tasche und wischt sich den Mund ab.* Komm, Torvald, und sieh dir mal meine Einkäufe an.

HELMER Nicht stören! *Bald darauf öffnet er die Tür und sieht herein, mit der Feder in der Hand.* Einkäufe, 15 sagst du? Diese vielen Sachen? Ist das lockere Zeisiglein wieder aus gewesen und hat Geld verschwendet?

NORA Aber Torvald, dies Jahr dürfen wir doch wirklich ein bisschen über die Stränge schlagen. Sind 20 es doch die ersten Weihnachten, wo wir nicht zu sparen brauchen.

HELMER Hör mal, du, Luxus dürfen wir auch nicht treiben.

NORA Doch, Torvald, wir dürfen jetzt schon ein biss- 25 chen Luxus treiben. Nicht wahr? Nur ein ganz, ganz klein bisschen. Du bekommst ja nun ein großes Gehalt und wirst viel, viel Geld verdienen.

HELMER Ja, von Neujahr ab. Aber dann vergeht noch ein ganzes Quartal, bis das Gehalt fällig ist. 30

NORA Bah! Bis dahin können wir ja borgen.

HELMER Nora! *Geht hin zu ihr und zupft sie scherzhaft am Ohr.* Geht schon wieder der Leichtsinn mit dir durch? Gesetzt den Fall, ich borgte mir heute tausend Kronen und du brächtest sie in der Weih- 35

Feder: *hier* Schreibfeder

nachtswoche durch, und am Silvesterabend fiele
mir ein Ziegelstein auf den Kopf und ich läge da –

NORA *hält ihm den Mund zu.* Pfui, lass die garstigen
Reden!

5 HELMER Ja, nimm mal an, dass so was passierte, – was
dann?

NORA Wenn so was Grässliches passierte, dann wär es
mir ganz gleichgültig, ob ich Schulden hätte oder
nicht.

10 HELMER Und die Leute, von denen ich das Geld gelie-
hen hätte?

NORA Die? Wen gingen die was an? Das sind ja
Fremde.

HELMER Nora, Nora, du bist ein Weib! Aber im Ernst,
15 Nora: Du weißt, wie ich in diesem Punkt denke.
Keine Schulden! Niemals borgen! Es kommt
etwas Unfreies und damit auch etwas Unschönes
über ein Hauswesen, das auf eine Borgwirtschaft
gegründet ist. Bis auf den heutigen Tag haben wir
20 beide tapfer ausgehalten, und das wollen wir nun
auch noch die kurze Zeit tun, wo es nötig ist.

NORA *geht zum Ofen hin.* Na ja; wie du willst, Torvald.

HELMER *geht hinter ihr her.* Ei, nun darf aber die
kleine Lerche auch nicht die Flügel hängen las-
25 sen. Wie? Das Eichhörnchen steht und mault? –
Zieht das Portemonnaie. Nora, was mag ich da wohl
haben?

NORA *wendet sich schnell um.* Geld!

HELMER Da nimm! *Gibt ihr einige Banknoten.* Du lie-
30 ber Gott, ich weiß, dass zu Weihnachten im Hause
eine ganze Menge draufgeht.

NORA *zählt.* Zehn, – zwanzig, – dreißig, – vierzig.
Schönen Dank, Torvald, schönen Dank; damit
behelfe ich mich lange.

35 HELMER Ja, das musst du aber auch!

Borgwirtschaft:
Haushalt, der
sich durch Kre-
dite am Leben
erhält

NORA Ja, ja, das werde ich schon. Aber nun komm
und lass dir alle meine Einkäufe zeigen. Und
so wohlfeile Einkäufe. Schau her, – ein neuer
Anzug für Ivar – und dazu ein Säbel. Hier ist ein
Pferd und eine Trompete für Bob, und da eine ₅
Puppe und Puppenwiege für Emmy. Es ist freilich
recht einfach, aber sie macht doch immer gleich
alles entzwei. Und hier Kleiderstoff und Taschentü-
cher für die Mädchen. Mutter Anne-Marie müsste
eigentlich viel mehr haben! ₁₀

Mädchen: *hier*
Hausmädchen,
Bedienstete

HELMER Und was ist in dem Paket da?

NORA *schreit.* Weg, Torvald! Das bekommst du erst
am Abend zu sehen!

HELMER Ach so! – Aber nun sag mir, du kleiner
Verschwender, womit hast du denn dich selbst ₁₅
bedacht?

NORA Ach geh, – ich mich? Ich wüsste wirklich nicht,
was –

HELMER Du sollst aber! Nenne mir etwas Vernünftiges, was dir ganz besondere Freude machen würde. ₂₀

NORA Ich wüsste wirklich nichts. – Doch, Torvald,
hör –

HELMER Na?

NORA *spielt an seinen Knöpfen, ohne ihn anzusehen.*
Wenn du mir ein Geschenk machen willst, so ₂₅
könntest du ja –; du könntest –

HELMER Na also – heraus damit!

NORA *hastig.* Du könntest mir Geld schenken, Torvald. So viel nur, wie du meinst entbehren zu können. Ich kann mir dann gelegentlich später etwas ₃₀
dafür kaufen.

HELMER Aber Nora, –

NORA Ach ja, tu's, lieber Torvald, ich bitte dich recht
sehr; ich wickle mir dann das Geld in schönes

Goldpapier ein und hänge es an den Weihnachtsbaum. Wäre das nicht reizend?

HELMER Wie nennt man doch die Vögel, die alles
Geld durchbringen?

5 NORA Ja, ja, lockere Zeisige – ich weiß schon. Aber
wir wollen es so machen, wie ich sage, Torvald:
Dann habe ich Zeit zu überlegen, was ich am not-
wendigsten brauche. Ist das nicht sehr vernünftig,
Torvald, wie?

10 HELMER *lächelnd.* Ei freilich –, das heißt, wenn du das
Geld, das ich dir gebe, wirklich festhalten und dir
selbst etwas dafür kaufen könntest. So aber geht
es im Haushalt und für allerhand unnütze Dinge
drauf, und dann muss ich wieder herausrücken.

15 NORA I bewahre, Torvald –

HELMER Lässt sich nicht leugnen, meine kleine liebe
Nora! *Legt den Arm um ihre Taille.* Mein lockerer
Zeisig ist entzückend, aber er braucht eine schwere
Menge Geld. Man sollte es nicht glauben, wie
20 hoch einem Mann solch ein Vögelchen zu stehen
kommt.

NORA Aber nein! Wie kannst du nur so was sagen? –
Ich spare doch wirklich, wo ich kann.

HELMER *lacht.* Ein wahres Wort! Wo du kannst. Aber
25 du kannst absolut nicht.

NORA *trällert und lächelt stillvergnügt.* Hm! Du solltest
nur wissen, wie viele Ausgaben wir Lerchen und
Eichhörnchen haben, Torvald.

HELMER Du bist ein sonderbares Dingchen. Ganz wie
30 dein Vater. Auf jede Art bemühst du dich, Geld
in die Hand zu kriegen, und sobald du es hast,
verschwindet dir's zwischen den Fingern; du weißt
nie, wo es geblieben ist. Na, aber man muss dich
nehmen, wie du bist. Das liegt im Blut. Ja, ja, ja,
35 Nora, so was vererbt sich.

NORA Nun, ich wünschte, ich hätte viele von Papas Eigenschaften geerbt.

HELMER Und ich möchte dich gar nicht anders haben, als du bist, meine liebe, kleine, singende Lerche. Doch – da fällt mir etwas ein. Du siehst 5 heute so – , so, – wie soll ich gleich sagen? – so verdächtig aus –

NORA Ich?

HELMER Allerdings. Sieh mir mal gerade in die Augen. 10

NORA *sieht ihn an.* Na?

HELMER *droht mit dem Finger.* Hat das Leckermäulchen etwa heut in der Stadt genascht?

NORA Aber nein, wie kommst du darauf?

HELMER Hat das Leckermäulchen ganz gewiss keinen 15 Abstecher in die Konditorei gemacht?

NORA Nein, Torvald, ich versichere dir –

HELMER Nicht ein wenig Konfitüren geschleckt?

NORA Nein, wahrhaftig nicht!

HELMER Auch nicht ein paar Makronen probiert? 20

NORA Nein, Torvald, ich versichere dir wirklich –

HELMER Na, na, na – es ist ja natürlich nur im Scherz gemeint –

NORA *geht rechts an den Tisch.* Es würde mir doch nie einfallen, gegen deinen Wunsch zu handeln. 25

HELMER Nein, das weiß ich ja wohl. – Und dann hast du mir ja dein Wort gegeben. *Geht zu ihr.* Behalt deine kleinen Weihnachtsüberraschungen nur für dich, mein Herz. Heut Abend, wenn der Baum brennt, werden sie schon ans Licht kom- 30 men, davon bin ich überzeugt.

NORA Hast du auch nicht vergessen, Rank einzula- den?

HELMER Nein. Aber das ist ja gar nicht nötig. Es
versteht sich von selbst, dass er mit uns speist.
Übrigens werde ich ihn einladen, wenn er heut
Vormittag herkommt. Guten Wein habe ich schon
5   bestellt. Nora, du glaubst gar nicht, wie ich mich
auf den heutigen Abend freue.

NORA Ich mich auch. Und wie die Kinder erst jubeln
werden, Torvald!

HELMER Ach, es ist doch ein herrlicher Gedanke,
10   eine feste gesicherte Stellung, sein reichliches Aus-
kommen zu haben. Nicht wahr! Der Gedanke ist
ein Hochgenuss!

NORA Ach, es ist wunderbar!

HELMER Denkst du noch an vorige Weihnachten?
15   Drei liebe lange Wochen vorher hast du dich
Abend für Abend bis in die tiefe Nacht hinein
eingeschlossen, um Blumen für den Baum und die
vielen andern Herrlichkeiten anzufertigen, womit
wir überrascht werden sollten. Uh, das war die
20   ödeste Zeit, die ich je erlebt habe.

NORA Ich habe mich dabei gar nicht gelangweilt.

HELMER *lächelnd.* Aber das Ergebnis war doch recht
dürftig, Nora!

NORA Neckst du mich schon wieder damit! Was
25   konnte ich dafür, dass die Katze kam und mir alles
kaputt machte.

HELMER Nein, mein armes Norachen, dafür konntest
du freilich nichts. Du hattest den besten Willen,
uns alle zu beglücken, und das ist die Hauptsache.
30   Aber gut ist es doch, dass die knappen Zeiten
vorüber sind.

NORA Ja, es ist wirklich wunderbar!

HELMER Nun brauche ich hier nicht allein herumzu-
sitzen und mich zu öden. Und du brauchst deine

lieben Augen und deine zarten, feinen Händchen
nicht anzustrengen –

NORA *klatscht in die Hände.* Nein, nicht wahr, Torvald,
das brauchen wir nun nicht mehr!? Oh, wie wunderbar schön sich das anhört. *Nimmt seinen Arm.* 5
Nun pass mal auf, Torvald, wie ich mir unsere
künftige Einrichtung gedacht habe. Sobald Weihnachten vorbei ist – *es läutet im Vorzimmer.* Ach, da
läutet es! *Räumt schnell ein wenig im Zimmer auf.* Es
kommt gewiss jemand. Wie dumm! 10

HELMER Für Besuche bin ich nicht zu Hause, vergiss
das nicht!

HAUSMÄDCHEN *in der Vorzimmertür.* Gnädige Frau –
eine fremde Dame – –

NORA Ich bitte. 15

HAUSMÄDCHEN *zu Helmer.* Der Herr Doktor ist auch
da.

HELMER Er ist wohl gleich zu mir hineingegangen?

HAUSMÄDCHEN Ja, das ist er.
Helmer ab in sein Zimmer; das Hausmädchen führt 20
Frau Linde, die im Reiseanzug ist, ins Zimmer und
schließt dann die Tür hinter ihr.

FRAU LINDE *zaghaft und ein wenig zögernd.* Guten
Tag, Nora.

NORA *unsicher.* Guten Tag – 25

FRAU LINDE Du kennst mich wohl nicht mehr –?

NORA Nein, ich weiß nicht –; doch, ja, – ich glaube –
aufjubelnd. Wie – Christine! Bist du's wirklich?!

FRAU LINDE Ja, ich bin es.

NORA Christine! Und ich habe dich nicht wiederer- 30
kannt! Aber wie konnt' ich auch –. *Leiser.* Wie du
dich verändert hast, Christine!

FRAU LINDE Allerdings. In neun – zehn langen Jahren –

NORA So lange haben wir uns nicht gesehen? Wahrhaftig, ja! Ach, die letzten acht Jahre waren eine
glückliche Zeit! – Das kannst du glauben. Und nun
bist du in die Stadt gekommen? Hast mitten im
5   Winter die weite Reise gemacht? Das war brav.

FRAU LINDE Ich bin heut früh mit dem Dampfschiff
angekommen.

NORA Natürlich, um dir ein Weihnachtsvergnügen zu
machen. Wie nett! Wir wollen auch recht lustig
10   sein. Aber so leg doch deine Sachen ab. Du frierst
doch nicht? *Hilft ihr.* So – jetzt setzen wir uns
gemütlich an den Ofen. Nein, da in den Lehn-
stuhl! Ich setze mich in den Schaukelstuhl. *Ergreift
ihre Hände.* Ja, das ist ja das alte, bekannte Gesicht;
15   nur im ersten Augenblick –. Etwas bleicher bist du
freilich geworden, Christine, – und vielleicht auch
etwas magerer.

FRAU LINDE Und viel, viel älter, Nora.

NORA Na ja, vielleicht ein bisschen älter; aber nur
20   ganz, ganz wenig, nicht der Rede wert. *Hält
plötzlich inne; ernst.* Ich gedankenlose Person! Da
sitze ich und schwätze! Liebste, einzige Christine,
kannst du mir vergeben?

FRAU LINDE Was denn, Nora?

25   NORA *leise.* Arme Christine, du bist ja Witwe geworden.

FRAU LINDE Ja, schon vor drei Jahren.

NORA Gott, ich wusste es ja; ich habe es ja in den
Zeitungen gelesen. Ach, Christine, du kannst mir
30   glauben, immer wollte ich dir schreiben in der
Zeit; aber jedes Mal habe ich es wieder aufgescho-
ben; stets kam was dazwischen.

FRAU LINDE Liebe Nora, das begreife ich wohl.

NORA Nein, Christine, es war garstig von mir! Ach,
35   du Ärmste, was musst du nicht alles durchgemacht

haben! – Und er hat dir nichts zum Leben hinterlassen?

FRAU LINDE Nichts!

NORA Und keine Kinder?

FRAU LINDE Nein!   5

NORA Ganz und gar nichts also?

FRAU LINDE Nicht einmal eine Sorge oder ein Leid,
von dem ich zehren könnte.

NORA *sieht sie ungläubig an.* Aber Christine, wie ist
das möglich?   10

FRAU LINDE *lächelt schwermütig und streicht ihr über
das Haar.* Ach, das kommt zuweilen vor, Nora.

NORA So ganz allein! Wie furchtbar schwer das für
dich sein muss. Ich habe drei reizende Kinder.
Augenblicklich kann ich sie dir nicht vorstellen, –   15
sie sind mit der Kinderfrau aus. Aber nun musst du
mir alles erzählen –

FRAU LINDE Ach nein! Erzähl du mir lieber!

NORA Nein, du musst anfangen. Heute will ich nicht
egoistisch sein. Heut will ich nur an deine Sachen   20
denken. Aber *eines* muss ich dir doch sagen. Hast
du schon davon gehört, welch großes Glück uns in
diesen Tagen beschert worden ist?

FRAU LINDE Nein, was denn?

NORA Denk dir, mein Mann ist Direktor der Aktien-   25
bank geworden.

FRAU LINDE Dein Mann? Oh dieses Glück –!

NORA Ja, ein riesiges Glück. Ein Advokat hat ein so
unsicheres Brot, besonders wenn er sich nur mit
feinen und anständigen Geschäften befassen will.   30
Und das hat Torvald natürlich immer gewollt; und
darin halte ich es auch ganz mit ihm. Glaub mir,
wir freuen uns! Schon zu Neujahr tritt er in die
Bank ein, und dann kriegt er ein großes Gehalt
und viel Prozent. Von jetzt ab können wir ganz   35

Aktienbank:
von einzelnen
Geldgebern
finanzierte
Bank

anders leben als bisher –, ganz, wie wir wollen. Ach, Christine, wie leicht und glücklich ich mich fühle! Ja, es ist doch wunderschön, tüchtig viel Geld und keine Sorgen zu haben. Nicht wahr?

5 FRAU LINDE Jedenfalls muss es schön sein, das Notwendige zu haben.

NORA Nein, nicht das Notwendige nur – sondern tüchtig, tüchtig viel Geld.

FRAU LINDE *lächelt.* Nora, Nora! Bist du noch immer
10 nicht gescheit geworden? In der Schule warst du eine große Verschwenderin.

NORA *lächelt still.* Ja, das sagt Torvald heutigentags noch. *Droht mit dem Finger.* Aber »Nora, Nora« ist nicht so dumm, wie ihr denkt. – Uns ist es wahr-
15 haftig nicht so ergangen, dass ich hätte verschwenden können. Wir haben beide arbeiten müssen.

FRAU LINDE Du auch?

NORA Ja, Kleinigkeiten –, Handarbeiten, Häkeleien, Stickereien und dergleichen, – *leichthin* – und auch
20 noch andere Sachen. Du weißt doch, dass Torvald aus dem Ministerialdienst ausgetreten ist, als wir heirateten? In seinem Rayon war keine Aussicht auf Beförderung, und er musste doch mehr Geld verdienen als früher. Im ersten Jahr überarbeitete
25 er sich aber ganz grässlich. Er war, wie du dir denken kannst, auf allerhand Nebenverdienste angewiesen und musste von früh bis spät schaffen. Das konnte er nicht vertragen und so wurde er todkrank. Die Ärzte erklärten es für notwendig, dass
30 er nach dem Süden ginge.

FRAU LINDE Ach ja, ihr wart ja ein ganzes Jahr in Italien.

NORA Ja, gewiss. Glaub mir, es war nicht leicht wegzukommen. Ivar war eben geboren. Doch weg
35 mussten wir auf jeden Fall. Ach, es war eine wunderbar schöne Reise und sie hat Torvald das Leben

Rayon: Abteilung

gerettet. Aber eine schwere Menge Geld hat sie gekostet, Christine.

FRAU LINDE Das kann ich mir schon denken.

NORA Zwölfhundert Taler hat sie gekostet. Viertausendachthundert Kronen. Du, das ist viel Geld. 5

FRAU LINDE Aber in solcher Lage ist es jedenfalls doch ein großes Glück, wenn man es hat.

NORA Ich will dir was sagen, wir kriegten es von Papa.

FRAU LINDE Ach so. Gerade um jene Zeit starb ja wohl dein Vater. 10

NORA Ja, Christine, gerade damals. Und denk nur, ich konnte nicht zu ihm reisen und ihn pflegen. Ich erwartete ja täglich die Geburt meines kleinen Ivar. Und dann musste ich ja auch meinen armen todkranken Torvald pflegen. Der liebe, gute Papa! Ich 15 habe ihn nicht mehr gesehen, Christine. Ach! das ist das Schwerste, was ich seit meiner Verheiratung erlebt habe.

FRAU LINDE Ich weiß, du hast ihn sehr lieb gehabt. Und dann seid ihr also nach Italien gereist? 20

NORA Jawohl – da hatten wir ja das Geld, und die Ärzte drangen darauf. Einen Monat später sind wir gereist.

FRAU LINDE Und dein Mann kam ganz geheilt zurück? 25

NORA Munter wie ein Fisch im Wasser.

FRAU LINDE Aber – der Doktor?

NORA Wieso?

FRAU LINDE Ich glaubte das Mädchen so verstanden zu haben, der Herr, der zugleich mit mir eintrat, 30 sei der Doktor.

NORA Das war Doktor Rank. Der kommt aber nicht als Arzt zu uns. Das ist unser bester Freund und lässt sich hier bei uns täglich wenigstens einmal sehen. Nein, Torvald ist auch noch nicht eine 35

Taler/Kronen: skandinavische Währungen

Stunde wieder krank gewesen. Und die Kinder
sind munter und gesund, und ich auch. *Springt auf*
und klatscht in die Hände. Gott, o Gott, Christine,
es ist doch wunderbar schön, zu leben und glücklich zu sein! – – Ach, aber es ist abscheulich von
mir –; ich spreche immer nur von meinen eigenen
Sachen. *Setzt sich dicht neben sie auf einen Schemel*
und legt die Hände auf Frau Lindes Schoß. Ach, du
musst mir nicht böse sein! – Sag mal, ist es wirklich wahr, dass du deinen Mann nicht geliebt hast?
Warum hast du ihn denn genommen?

FRAU LINDE Meine Mutter lebte noch und war bettlä-
gerig und ohne Mittel. Und auch für meine beiden
jüngeren Brüder hatte ich zu sorgen. Es schien mir
unverantwortlich, seinen Antrag zurückzuweisen.

NORA Nein, nein, das ist ganz richtig. Er war also
damals reich?

FRAU LINDE Er war recht wohlhabend, glaube ich.
Aber es waren unsichere Geschäfte, Nora. Als er
starb, kam der Zusammenbruch und nichts blieb
übrig.

NORA Und dann –?

FRAU LINDE Dann musste ich mich mit einem kleinen Kramladen und einer kleinen Schule und
allem Möglichen durchschlagen. Die letzten drei
Jahre sind ein einziger langer ruheloser Arbeitstag
für mich gewesen. Jetzt ist er zu Ende, Nora. Meine
arme Mutter braucht mich nicht mehr, – sie ist
gestorben. Und die Jungen auch nicht, – sie haben
jetzt Stellungen und können für sich selber sorgen.

NORA Wie leicht du dich fühlen musst –

FRAU LINDE Nein, du, – nur so unsagbar leer. Niemand mehr, für den ich leben kann. *Steht unruhig*
auf. Deshalb hielt ich es da in dem entlegenen
Nest nicht mehr aus. Hier muss man doch leichter etwas finden können, das einen in Anspruch

nimmt und die Gedanken beschäftigt. Wenn es
mir nur gelänge, eine feste Stellung zu finden, ein
wenig Bureauarbeit –

NORA Aber Christine, das ist ja entsetzlich anstrengend und du siehst ohnehin schon so angegriffen
aus. Es wäre viel besser für dich, wenn du eine
Badereise machen könntest!

FRAU LINDE *geht ans Fenster.* Ich habe keinen Vater,
der mir das Reisegeld schenken könnte, Nora.

NORA *steht auf.* Ach, sei mir nicht böse!

FRAU LINDE *geht zu ihr.* Liebe Nora, sei *du* mir nicht
böse. Das ist das Schlimmste bei Verhältnissen wie
den meinigen, dass sie so das Gemüt verbittern.
Man hat für niemand zu arbeiten und doch muss
man fortwährend tätig sein. Denn man muss doch
leben, und so wird man Egoist. Als du mir von
der glücklichen Veränderung in eurer Lebenslage
erzähltest – wirst du mir glauben, da freute ich
mich nicht so sehr um deinet- wie um meinetwillen.

NORA Wie das? Ach ja – ich verstehe dich. Du meinst,
dass Torvald etwas für dich tun könnte.

FRAU LINDE Ja, das dachte ich mir.

NORA Das soll er auch, Christine. Überlass das nur
mir; ich werde es schon so fein einfädeln, so fein –
etwas recht Liebenswürdiges aushecken, das bei
ihm verfängt. Ach, ich möchte dir so furchtbar
gern helfen.

FRAU LINDE Wie schön von dir, Nora, dass du so für
meine Sachen eintrittst – doppelt schön von *dir,*
die du selbst die Last und Mühsal des Lebens so
gar nicht kennst.

NORA Ich –? Ich kenne nicht –?

FRAU LINDE *lächelnd.* Du lieber Gott, das bisschen Handarbeit und dergleichen –. Du bist ein Kind, Nora.

NORA *wirft den Kopf zurück und geht durchs Zimmer.*
5 Das solltest du nicht mit solcher Überlegenheit sagen.

FRAU LINDE So?

NORA Du bist wie die andern. Alle glaubt ihr, dass ich zu etwas wirklich Ernstem nicht tauge –

10 **FRAU LINDE** Na, na – –

NORA – dass ich nichts geleistet habe in diesem schweren Dasein.

FRAU LINDE Liebe Nora, du hast mir ja eben all dein Ungemach erzählt.

15 **NORA** Ach was, – die Bagatellen! – *Leise.* Das Große, das habe ich dir nicht erzählt.

Bagatelle: Nebensächlich-keit

FRAU LINDE Das Große? Was meinst du damit?

NORA Du unterschätzt mich durchaus, Christine; aber das solltest du nicht tun. Du bist stolz darauf,
20 dass du so lange und so schwer für deine Mutter geschafft hast.

FRAU LINDE Ich unterschätze gewiss niemanden. Aber eins ist wahr: Ich bin stolz und glücklich in dem Gedanken, dass es mir vergönnt gewesen
25 ist, meiner Mutter die letzten Lebenstage einiger-maßen sorgenfrei zu gestalten.

NORA Und du bist auch stolz in dem Gedanken, was du für deine Brüder getan hast.

FRAU LINDE Ich glaube ein Recht dazu zu haben.

30 **NORA** Das glaube ich auch. Aber nun sollst du etwas erfahren, Christine. Auch ich habe was, das mich stolz und glücklich macht.

FRAU LINDE Daran zweifle ich nicht. Aber wie meinst du das?

NORA Sprich leise. Bedenk, wenn Torvald es hörte!
Um keinen Preis der Welt darf er –; niemand darf
es erfahren, außer dir niemand, Christine.

FRAU LINDE Was ist es denn nur?

NORA Komm her. *Zieht sie neben sich auf das Sofa.* 5
Ja, du, – ich habe auch etwas, das mich stolz und
glücklich macht; *ich* habe Torvald das Leben gerettet.

FRAU LINDE Gerettet –? Wieso gerettet?

NORA Ich habe dir doch von der Reise nach Italien 10
erzählt. Wenn Torvald nicht dorthin gekommen
wäre, so wäre er draufgegangen.

FRAU LINDE Na ja, dein Vater hat euch ja die nötigen
Mittel gegeben –

NORA *lächelt.* Ja, das glaubt Torvald, und das glauben 15
alle andern; aber –

FRAU LINDE Aber –?

NORA Papa hat uns keinen Heller gegeben. *Ich* habe
das Geld geschafft.

FRAU LINDE Du? Die ganze große Summe? 20

NORA Zwölfhundert Taler. Viertausendachthundert
Kronen. Was sagst du nun?

FRAU LINDE Ja aber, Nora, wie war dir das möglich?
Hattest du in der Lotterie gewonnen?

NORA *verächtlich.* In der Lotterie? *Geringschätzig.* Was 25
wäre denn das für eine Kunst gewesen?

FRAU LINDE Wo hast du es denn herbekommen?

NORA *trällert und lächelt geheimnisvoll.* Hm, tralalala!

FRAU LINDE Borgen konntest du es dir doch nicht?

NORA So? Warum denn nicht? 30

FRAU LINDE Nein, eine Frau kann ohne die Einwilligung ihres Gatten kein Darlehn aufnehmen.

Darlehn: Geldleihe, Kredit

NORA *wirft den Kopf zurück.* So –? Wenn es eine Frau ist, die einige Geschäftskenntnis hat –, eine Frau, die sich klug zu benehmen weiß, – dann –

FRAU LINDE Aber, Nora, ich verstehe kein Wort –

5 NORA Ist auch gar nicht nötig. Es ist ja gar nicht gesagt, dass ich mir das Geld *geborgt* habe. Ich kann es mir ja auf andere Weise verschafft haben. *Wirft sich ins Sofa zurück.* Ich kann es ja von irgendeinem Verehrer bekommen haben. Wenn
10 man leidlich hübsch aussieht, wie ich –

FRAU LINDE Du bist eine Närrin.

NORA Jetzt bist du gewiss grenzenlos neugierig, Christine.

FRAU LINDE Hör mal an, liebe Nora, – hast du auch
15 keine Unbesonnenheit begangen?

NORA *richtet sich wieder auf.* Ist es eine Unbesonnenheit, seinem Mann das Leben zu retten?

FRAU LINDE Ich finde, es war eine Unbesonnenheit, dass du ohne sein Wissen –

20 NORA Aber er durfte ja doch nichts wissen! Herrgott, kannst du denn das nicht begreifen? Er durfte nicht einmal wissen, wie schlimm es um ihn stand. Zu *mir* kamen die Ärzte und sagten, es wäre Gefahr für sein Leben und nur ein Aufenthalt im
25 Süden könnte ihn retten. Meinst du denn, ich hätte nicht zunächst auf andere Weise versucht, aus der Verlegenheit zu kommen? Ich sprach mit ihm darüber, wie nett ich es finden würde, mal wie andere junge Frauen ins Ausland reisen zu können.
30 Ich weinte und ich flehte; ich sagte ihm, er sollte doch daran denken, in welchen Umständen ich mich befände, er sollte doch gut sein und mir nachgeben, und dann deutete ich an, er könnte ja wohl ein Darlehn aufnehmen. Aber da wurde er
35 beinahe böse, Christine. Er sagte, ich wäre leicht-

Mucken: Auf-
begehren

sinnig und es wäre seine Pflicht als Ehemann, meinen Mucken und Launen – so nannte er es, glaube
ich – nicht nachzugeben. Nun wohl, dachte ich bei
mir, gerettet musst du werden; und da verfiel ich
auf diesen Ausweg –   5

FRAU LINDE Hat dein Mann denn nicht von deinem
Vater erfahren, dass das Geld nicht von ihm kam?

NORA Nein, niemals. Papa starb gerade in jenen
Tagen. Ich hatte vor, ihn in die Sache einzuweihen
und ihn zu bitten, dass er nichts verriete. Weil er   10
nun aber so krank darniederlag –. Leider wurde es
nicht mehr nötig.

FRAU LINDE Und später hast du dich deinem Manne
nie anvertraut?

NORA Nein, um des Himmels willen, was fällt dir ein?   15
Ihn, der in diesen Dingen so streng ist! Und außerdem – Torvald mit seinem männlichen Selbstge-
fühl, – wie peinlich und demütigend wäre ihm das
Bewusstsein, mir etwas zu verdanken. Das würde
unser gegenseitiges Verhältnis vollständig verschie-   20
ben. Unser schönes, glückliches Heim wäre nicht
mehr, was es jetzt ist.

FRAU LINDE Wirst du es ihm niemals sagen?

NORA *nachdenklich, mit halbem Lächeln.* Doch, – vielleicht später einmal; – nach vielen Jahren, wenn   25
ich nicht mehr so hübsch bin wie jetzt. Du darfst
darüber nicht lachen. Ich meine ja nur: wenn Torvald sich nicht mehr so viel aus mir macht wie
jetzt; wenn es ihm keine Freude mehr gewährt,
dass ich ihm etwas vortanze und mich verkleide   30
und deklamiere. Dann ist es vielleicht gut, etwas
in der Reserve zu haben –. *Abbrechend.* Ach
Unsinn, Unsinn, Unsinn! *Die* Zeit kommt nie. –
Na, aber was sagst du zu meinem großen Geheimnis, Christine? Tauge ich nicht doch zu etwas? –   35
Du darfst mir übrigens glauben, die Sache hat mir

deklamieren:
ein Gedicht
oder einen Text
kunstvoll vor-
tragen

viel Kummer bereitet. Es ist mir wahrhaftig nicht leicht geworden, meinen Verpflichtungen immer zur rechten Zeit nachzukommen. Du musst näm-lich wissen, im Geschäftsleben gibt es etwas, das man Quartalszinsen nennt, und noch etwas, das Abzahlung heißt; und die Gelder sind immer so entsetzlich schwer zu beschaffen. Da habe ich denn an allen Ecken und Enden sparen müssen, wo ich nur konnte, siehst du. Vom Wirtschafts-gelde konnte ich so gut wie nichts erübrigen, denn Torvald musste ja gut leben. Die Kinder konnte ich doch auch nicht in schlechter Kleidung umherge-hen lassen; was ich für sie bekam, dachte ich, das müsste ich auch für sie verbrauchen. Die süßen, herzigen Kleinen!

FRAU LINDE Da mussten denn wohl deine eigenen Bedürfnisse herhalten, arme Nora?

NORA Ja, natürlich. Ich war ja auch die Nächste dazu. Jedes Mal, wenn Torvald mir Geld zu neuen Klei-dern und dergleichen gab, verwandte ich nie mehr als die Hälfte darauf; ich kaufte stets vom Billigs-ten und Einfachsten. Ein wahres Glück, dass mir alles so gut steht und Torvald also nichts merkte. Manchmal ist es mir aber recht schwer geworden, Christine, denn es ist doch himmlisch, fein geklei-det zu gehen. Nicht wahr?

FRAU LINDE Ja, freilich.

NORA Na, und dann hatte ich ja auch noch andere Einnahmequellen. Im vorigen Winter hatte ich das Glück, eine Menge Schreibarbeit zu bekommen. Da schloss ich mich ein und schrieb jeden Abend bis tief in die Nacht hinein. Ach, zuweilen war ich so müde, so müde. Aber es war trotzdem riesig unterhaltend, so zu arbeiten und Geld zu verdie-nen. Ich kam mir beinahe wie ein Mann vor.

FRAU LINDE Wie viel hast du denn nun auf die Weise abzahlen können?

NORA Ja, das kann ich nicht so genau sagen. Weißt du, es ist sehr schwierig, sich in solchen Geschäften zurechtzufinden. Ich weiß bloß, dass 5 ich bezahlt habe, was ich nur zusammenkratzen konnte. Gar manches Mal habe ich mir keinen Rat gewusst. *Lächelt.* Dann saß ich da und stellte mir vor, es hätte sich ein reicher, alter Herr in mich verliebt – 10

FRAU LINDE Wie? Was für ein Herr?

NORA Ach Unsinn! – und dass er stürbe, und als man sein Testament öffnete, stand mit großen Buchstaben darin: »Alle meine Gelder sollen der liebenswürdigen Frau Nora Helmer sofort bar ausbezahlt 15 werden.«

FRAU LINDE Aber liebe Nora, – was war das für ein Herr?

NORA Herrgott, begreifst du denn nicht? Der alte Herr existierte ja gar nicht; das habe ich mir ja nur 20 vorfantasiert – immer und immer wieder, wenn ich nicht aus noch ein wusste, um Geld zu beschaffen. Aber das ist nun alles eins; der alte langweilige Mensch kann meinetwegen bleiben, wo er ist; ich mache mir weder aus ihm noch aus seinem Tes- 25 tament etwas, denn jetzt bin ich die Sorgen los. *Springt auf.* Gott, o Gott, Christine, es ist doch ein himmlischer Gedanke! Sorgenfrei! Sorgenfrei zu sein, ganz sorgenfrei; mit den Kindern spielen und sich tummeln zu können; es hübsch und nett im 30 Hause zu haben, ganz so, wie Torvald es liebt! Und denk, nun kommt bald der Frühling mit seinem weiten blauen Himmel! Vielleicht können wir dann eine kleine Reise machen. Und ich darf vielleicht das Meer wiedersehen! Ach ja, ja! Wie wunderbar, 35 zu leben und glücklich zu sein!

Man hört die Glocke im Vorzimmer.

FRAU LINDE *steht auf.* Es klingelt; es ist vielleicht das Beste, ich gehe.

NORA Nein, bleib nur; zu mir kommt gewiss kein
5   Besuch; es wird wohl jemand zu Torvald –

HAUSMÄDCHEN *in der Vorzimmertür.* Verzeihung, gnädige Frau; – da ist ein Herr, – der den Herrn Advokaten sprechen will.

NORA – – den Herrn *Bankdirektor,* meinst du wohl.

10 HAUSMÄDCHEN Ja, den Herrn Bankdirektor; ich wusste aber nicht recht, – weil doch der Herr Doktor drin ist –

NORA Wer ist der Herr?

KROGSTAD *in der Vorzimmertür.* Ich bin's, gnädige
15   Frau.

FRAU LINDE *stutzt, fährt zusammen und wendet sich dem Fenster zu.*

NORA *geht ihm einen Schritt entgegen, gespannt, mit halber Stimme.* Sie? Was soll das heißen? Über was
20   haben Sie mit meinem Mann zu reden?

KROGSTAD Über Bankangelegenheiten; – sozusagen. Ich habe einen kleinen Posten an der Aktienbank, und wie ich höre, wird Ihr Mann jetzt unser Chef –

NORA Es sind also –

25 KROGSTAD – nur trockene Geschäfte, gnädige Frau; absolut nichts andres.

NORA Ja, dann haben Sie wohl die Güte, sich ins Bureau zu bemühen. *Grüßt gleichgültig, indem sie die Tür zum Vorzimmer schließt; darauf geht sie an
30   den Ofen und sieht nach dem Feuer.*

FRAU LINDE Nora, – wer war der Mann?

NORA Das war ein gewisser Krogstad

FRAU LINDE Er war es also wirklich.

NORA Kennst du den Menschen?

FRAU LINDE Ich habe ihn gekannt – es ist sehr lange her. Er war eine Zeit lang Vertreter des Rechtsanwalts in unserer Gegend.

NORA Ganz richtig.

FRAU LINDE Wie er sich verändert hat.

NORA Er ist wohl sehr unglücklich verheiratet gewesen.

FRAU LINDE Jetzt ist er ja Witwer.

NORA Mit vielen Kindern. – So – nun brennt das Feuer. *Sie schließt die Ofentür und schiebt den Schaukelstuhl ein wenig beiseite.*

FRAU LINDE Es heißt, er betreibe mancherlei Art Geschäfte?

NORA So? Das kann schon sein! Ich weiß es wirklich nicht –. Aber lass uns nicht an Geschäfte denken. Das ist so öde.
Doktor Rank kommt aus Helmers Zimmer.

DOKTOR RANK *noch in der Tür.* Nein, nein, lieber Freund, ich mag nicht stören; ich will lieber ein bisschen zu deiner Frau hineingehen. *Schließt die Tür hinter sich und bemerkt Frau Linde.* Oh, – ich bitte um Vergebung; hier stör ich am Ende auch?

NORA Durchaus nicht. *Stellt vor.* Doktor Rank – Frau Linde.

RANK Ah! Ein Name, der hier im Hause oft genannt wird. Ich glaube, ich ging auf der Treppe an Ihnen vorbei, als ich kam.

FRAU LINDE Ja, ich steige Treppen sehr langsam; ich kann es nicht gut vertragen.

RANK Aha! Ein kleiner innerer Schaden?

FRAU LINDE Eigentlich mehr eine Überanstrengung.

RANK Sonst nichts? Dann sind Sie wohl in die Stadt gekommen, um sich bei den vielen Fêten ein wenig zu erholen?

Fête: Feier, Fest

FRAU LINDE Ich bin gekommen, um Arbeit zu suchen.

RANK Ist Arbeit ein probates Mittel gegen Überanstrengung?

5 FRAU LINDE Man muss leben, Herr Doktor.

RANK Ja, es ist eine weit verbreitete Ansicht, dass das eine Notwendigkeit wäre.

NORA Na, na, Doktor, – Sie wollen doch auch gern leben.

10 RANK Allerdings will ich das. Bin ich auch elend dran, so möchte ich doch, dass die Qual noch möglichst lange dauere. Meinen Patienten geht es allen ebenso. Und mit den sittlich Bresthaften ist es nicht anders. In diesem Augenblick ist gerade
15 solch ein moralischer Lazarus bei Helmer drin –

FRAU LINDE *mit gedämpfter Stimme.* Ah!

NORA Wen meinen Sie?

RANK Ach, es ist ein Anwalt Krogstad, – Sie kennen den Menschen nicht. Der ist verdorben in den
20 Wurzeln des Charakters, verehrte Frau. Aber selbst *der* fing an, davon zu schwätzen wie von einer hochwichtigen Sache: dass er *leben* müsse.

NORA So? – Was hatte er denn mit Torvald zu reden?

RANK Ich weiß wahrhaftig nicht; ich habe nur gehört,
25 dass es die Aktienbank betraf.

NORA Ich wusste nicht, dass Krog–, dass dieser Herr Krogstad etwas mit der Aktienbank zu schaffen hätte.

RANK O freilich, – er hat dort so eine Art Anstellung.
30 *Zu Frau Linde.* Ich weiß nicht, ob Sie in Ihrer Gegend da auch solche Leute haben, die überall atemlos umherrennen, um moralische Fäulnis aufzuspüren und dann die Betreffenden für irgendeine vorteilhafte Stellung in Vorschlag zu bringen.

bresthaft: gebrechlich, kränklich

Lazarus: *hier* bedauernswerter Mensch

Die Gesunden müssen sich dann hübsch dareinfinden, das Nachsehen zu haben.

FRAU LINDE Nun, aber eigentlich haben doch auch die Kranken das größte Anrecht darauf, sichergestellt zu werden. 5

RANK *zuckt die Achseln.* Na, da haben wir's. Gerade die Anschauung macht die menschliche Gesellschaft zu einem Krankenhause.

NORA, *die in ihre eigenen Gedanken versunken war, bricht in ein halblautes Gelächter aus und klatscht in* 10 *die Hände.*

RANK Weshalb lachen Sie über so was? Wissen Sie denn überhaupt, was die Gesellschaft ist?

NORA Was kümmert mich die dumme Gesellschaft?! Ich lache über ganz etwas anderes, – etwas unge- 15 heuer Komisches. – Sagen Sie mal, Doktor, – werden nun alle, die bei der Aktienbank angestellt sind, von Torvald abhängig?

RANK *Das* finden Sie so ungeheuer komisch?

NORA *lächelt und trällert.* Lassen Sie mich nur, lassen 20 Sie mich nur! *Spaziert im Zimmer auf und ab.* Ach, der Gedanke, dass wir – dass Torvald so großen Einfluss auf so viele Menschen hat, ist wirklich über alle Maßen ergötzlich. *Zieht die Tüte aus der Tasche.* Doktor, ein Makronchen gefällig? 25

RANK Ei sieh mal, Makronen. Ich glaubte, das wäre hier Kontrebande.

Kontrebande: Schmuggelgut

NORA Ja gewiss, – aber *die* hat mir Christine geschenkt.

FRAU LINDE Wie? – Ich? – 30

NORA Na, na, na; erschrick nur nicht. Du konntest ja nicht wissen, dass Torvald das verboten hat. Du musst nämlich wissen, er hat Angst, dass ich schlechte Zähne davon kriege. Ach was! Einmal ist keinmal! – Nicht wahr, Doktor? Hier, bitte! *Steckt* 35 *ihm eine Makrone in den Mund.* Und du auch, Christine. Und ich kriege auch eine; nur eine ganz kleine – oder höchstens zwei. *Geht wieder umher.* Ja, jetzt bin ich wirklich über die Maßen glücklich.

5 Nun gibt es nur noch eins auf der Welt, wozu ich eine riesige Lust hätte.

RANK Na, und das wäre?

NORA Ich möchte so riesig gern etwas sagen, und Torvald müsste es hören.

10 RANK Und warum sagen Sie es denn nicht?

NORA Nein, ich darf nicht; es ist gar so garstig.

FRAU LINDE Garstig?

RANK Ja, dann ist es wohl nicht ratsam. Aber zu uns können Sie doch –. Na, was möchten Sie denn so

15 gern sagen, dass Torvald es hörte?

NORA Ich möchte so riesig gern sagen: Himmelkreuzdonnerwetter!

RANK Sind Sie verdreht?

FRAU LINDE Aber, Nora –!

20 RANK Sagen Sie's doch. Da ist er.

NORA *versteckt die Makronentüte.* Pst! Pst! Pst! Helmer *kommt, den Überzieher über dem Arm und den Hut in der Hand, aus seinem Zimmer.*

NORA *geht ihm entgegen.* Na, lieber Torvald, bist du

25 ihn los?

HELMER Ja, er ist weg.

NORA Darf ich dich vorstellen –: Das ist Christine; sie ist heute angekommen.

HELMER Christine –? Entschuldigen Sie, aber ich

30 weiß nicht –

NORA Frau Linde, lieber Torvald, – Frau Christine Linde.

HELMER Ah so. Vermutlich eine Jugendfreundin meiner Frau?

Himmelkreuzdonnerwetter:
Fluch

Überzieher:
leichter Herrenmantel

FRAU LINDE Ja, wir kennen uns von früher.

NORA Und denk nur, sie hat die weite Reise hierher gemacht, um mit dir zu sprechen.

HELMER Wieso –?

FRAU LINDE Das gerade nicht –   5

NORA Christine ist nämlich außerordentlich geschickt in Bureauarbeiten. Und nun möchte sie so furchtbar gern unter die Leitung eines tüchtigen Mannes kommen und noch mehr lernen, als sie schon kann –   10

HELMER Sehr vernünftig, Frau Linde.

NORA Und als sie nun hörte, dass du Bankdirektor geworden bist – der Telegraf hatte es verkündet –, ist sie so schnell wie möglich hergereist und –. Nicht wahr, Torvald, mir zuliebe kannst du schon   15
ein wenig für Christine tun? Was?

HELMER Je nun, das wäre gar nicht so unmöglich. Vermutlich sind Sie Witwe?

FRAU LINDE Ja.

Kontor: Büro
einer Firma

HELMER Und haben Sie Übung in Kontorarbeiten?   20

FRAU LINDE Ja, so ziemlich.

HELMER Na, dann ist es sehr wahrscheinlich, dass ich Ihnen eine Anstellung verschaffen kann –

NORA *klatscht in die Hände.* Siehst du wohl, siehst du wohl?   25

HELMER Sie haben gerade einen günstigen Augenblick getroffen, Frau Linde –

FRAU LINDE Wie soll ich Ihnen danken –?

HELMER Ist durchaus nicht nötig. *Zieht den Überzieher an.* Für heute müssen Sie mich aber entschuldigen.   30

RANK Wart, ich gehe mit. *Holt seinen Pelz aus dem Vorzimmer und wärmt ihn am Ofen.*

NORA Bleib nicht zu lange aus, lieber Torvald.

HELMER Nur ein Stündchen, länger nicht.

NORA Gehst du auch, Christine?

FRAU LINDE *zieht ihren Mantel an.* Ja, ich muss nun fort und mich nach einem Zimmer umsehen.

HELMER Dann können wir vielleicht zusammen die
5　Straße hinuntergehen.

NORA *hilft ihr.* Wie dumm, dass wir so beschränkt wohnen; aber es ist uns unmöglich, dir –

FRAU LINDE Wo denkst du hin! Adieu, liebe Nora, und Dank für alles.

10　NORA Auf Wiedersehen! Heut Abend kommst du selbstverständlich. Und Sie auch, Doktor. Was? Wenn Sie wohl genug sind? Natürlich sind Sie wohl genug. Packen Sie sich nur recht gut ein.

Im allgemeinen Gespräch gehen sie in das Vorzimmer;
15　*auf der Treppe hört man Kinderstimmen.*

NORA Da sind sie, da sind sie! *Sie läuft hin und öffnet.*
Anne-Marie kommt mit den Kindern.

NORA Herein, nur herein! *Beugt sich nieder und küsst sie.* Ihr süßen, einzigen –! Schau sie an, Christine!
20　Sind sie nicht reizend?

RANK Keine Unterhaltung hier in der Zugluft.

HELMER Kommen Sie, Frau Linde. Nun ist's hier nicht mehr auszuhalten für Leute, die keine Mütter sind!

25　*Rank, Helmer und Frau Linde gehen die Treppe hinunter,*
die Kinderfrau geht mit den Kindern ins Zimmer. Nora
ebenfalls, indem sie die Tür zum Vorzimmer schließt.

NORA Wie frisch und fröhlich ihr ausseht. Und die roten Backen, die ihr mitbringt. Wie Äpfel und
30　Rosen. *Die Kinder sprechen während des Folgenden durcheinander mit ihr.* Habt ihr euch gut unterhalten? Das ist ja herrlich. Ach – du hast Emmy und Bob Schlitten gefahren? – Denk mal an! Ja, du bist ein fixer Kerl, Ivar. Gib sie mir ein bisschen, Anne-
35　Marie. Mein süßes, kleines Puppenkind! *Nimmt*

der Kinderfrau das Kleinste ab und tanzt mit ihm. Ja,
ja! Mama wird mit Bob auch tanzen. Was? Ihr habt
euch geschneeballt? Oh, da hätte ich mit dabei
sein mögen! Lass nur, ich will sie selbst ausziehen,
Anne-Marie. Lass mich doch; ich tu's so gerne.   5
Geh so lange in die Kinderstube. Du siehst so ver-
froren aus. Auf dem Ofen steht heißer Kaffee für
dich.

Die Kinderfrau geht in das Zimmer zur Linken. Nora
nimmt den Kindern die Mäntel und Hüte ab und wirft   10
alles umher; inzwischen lässt sie sie durcheinanderreden.

NORA Ach was! Ein großer Hund ist euch nachgelau-
    fen? Aber gebissen hat er euch nicht? Nein, solche
    kleine nette Püppchen beißen die Hunde nicht.
    Nicht in die Pakete gucken, Ivar! Was das ist? Ja,   15
    wenn ihr *das* wüsstet! Ach nein, nein, da ist etwas
    Garstiges drin. So? Spielen möchtet ihr? Was wol-
    len wir spielen? Verstecken. Ja. Spielen wir Verste-
    cken. Bob soll sich zuerst verstecken. Ich? Na ja,
    dann verstecke ich mich zuerst.   20

Sie und die Kinder spielen unter Jubel und Lachen im
Zimmer und in dem anstoßenden Raume zur Rechten.
Zuletzt versteckt Nora sich unter dem Tisch. Die Kinder
stürmen herein, suchen, können sie aber nicht finden.
Dann hören sie ihr unterdrücktes Lachen, stürzen an den   25
Tisch, heben die Decke auf und sehen sie. Stürmischer
Jubel. Sie kriecht hervor, als wolle sie sie schrecken. Neuer
Jubel. Inzwischen hat es an der Eingangstür geklopft;
niemand hat es beachtet. Jetzt wird die Tür halb geöffnet
und Krogstad wird sichtbar. Er wartet ein wenig; das   30
Spiel nimmt seinen Fortgang.

KROGSTAD Entschuldigen Sie, Frau Helmer –

NORA *mit einem unterdrückten Schrei, dreht sich um*
    und springt halb in die Höhe. Ah! Was wollen Sie?

KROGSTAD Entschuldigen Sie; – die Stiegentür war nur angelehnt; es muss jemand vergessen haben, sie zuzumachen.

Stiegentür: Tür zum Treppenhaus

NORA *steht auf.* Mein Mann ist nicht zu Hause, Herr
5   Krogstad.

KROGSTAD Das weiß ich.

NORA So – was wollen Sie denn hier?

KROGSTAD Ein Wort mit Ihnen reden.

NORA Mit – *Leise zu den Kindern.* Geht hinein zu
10   Anne-Marie. Was? Nein, der fremde Herr will Mama nichts zuleide tun. Wenn er fort ist, spielen wir weiter.

Sie führt die Kinder in das Zimmer links und schließt die Tür hinter ihnen.

15 **NORA** *unruhig, gespannt.* Sie wollen mit mir sprechen?

KROGSTAD Allerdings.

NORA Heut – aber es ist doch noch nicht der Erste?

noch nicht der Erste: erster Tag eines Quartals

KROGSTAD Nein, heut ist Heiligabend. Von Ihnen selbst wird es abhängen, welche Bescherung Sie
20   haben werden!

NORA Was wollen Sie? Heut kann ich absolut nicht –

KROGSTAD Davon reden wir vorläufig nicht. Es handelt sich um etwas andres. Sie haben doch wohl einen Augenblick Zeit?

25 **NORA** O ja, gewiss, Zeit habe ich wohl, obgleich –

KROGSTAD Gut. Ich saß im Restaurant Olsen und sah Ihren Mann über die Straße gehen –

NORA Jawohl.

KROGSTAD – mit einer Dame.

30 **NORA** Und was weiter?

KROGSTAD Darf ich mir die Frage erlauben: War die Dame eine Frau Linde?

NORA Ja.

KROGSTAD Sie ist noch nicht lange hier?

NORA Seit heute.

KROGSTAD Sie ist wohl eine gute Freundin von
Ihnen?

NORA Ja, das ist sie. Aber ich verstehe nicht –

KROGSTAD Ich war auch einmal mit ihr bekannt.   5

NORA Das weiß ich.

KROGSTAD So? Sie wissen also von der Sache? Dacht'
es mir wohl. Darf ich Sie also kurz und bündig
fragen: Wird Frau Linde bei der Aktienbank angestellt werden?   10

NORA Herr Krogstad, wie können Sie sich erlauben,
mich auszuforschen?! Sie, ein Untergebener meines
Mannes? Aber da Sie einmal fragen, so sollen Sie
es auch wissen: Jawohl, Frau Linde wird angestellt
werden. Und ich selbst habe mich ihrer Sache   15
angenommen, Herr Krogstad. Nun wissen Sie es.

KROGSTAD Ich habe also richtig vermutet.

NORA *geht im Zimmer auf und ab.* Mein Gott, man
hat doch auch sein bisschen Einfluss! Weil man
eine Frau ist, so ist damit noch lange nicht gesagt,   20
dass –. Wenn man eine subalterne Stellung ein-
nimmt, Herr Krogstad, so sollte man sich wirklich
hüten, einen vor den Kopf zu stoßen, der – hm –

KROGSTAD – der Einfluss hat?

NORA Allerdings!   25

KROGSTAD *mit verändertem Ton.* Frau Helmer, wollen
Sie die Güte haben, Ihren Einfluss zu meinen
Gunsten aufzubieten?

NORA Wie? Was meinen Sie damit?

KROGSTAD Wollen Sie gütigst dafür sorgen, dass ich   30
meine subalterne Stellung bei der Bank behalte?

NORA Was heißt das? Wer will Ihnen denn Ihre Stellung nehmen?

KROGSTAD Ach, mir gegenüber brauchen Sie nicht
die Ahnungslose zu spielen. Es leuchtet mir sehr   35

subaltern:
untergeordnet

wohl ein, dass es Ihrer Freundin nicht angenehm sein kann, sich einem Zusammentreffen mit mir auszusetzen, und ich begreife jetzt auch, wem ich es zu danken habe, dass man mich wegjagen will.

5 NORA Aber ich versichere Ihnen –

KROGSTAD Ja, ja, ja, – kurz und gut: Noch ist es Zeit, und ich rate Ihnen, Ihren Einfluss aufzubieten, um das zu verhindern.

NORA Aber, Herr Krogstad, ich *habe* gar keinen Ein-
10 fluss.

KROGSTAD Nicht? Ich glaubte doch eben, aus Ihrem eigenen Munde –

NORA Das war natürlich nicht so zu verstehen. *Ich!* Wie können Sie nur glauben, dass ich einen sol-
15 chen Einfluss auf meinen Mann habe?!

KROGSTAD Ach, ich kenne Ihren Mann aus den Stu-dententagen. Ich halte den Herrn Bankdirektor für nicht fester als andere Ehemänner.

NORA Wenn Sie mit Geringschätzung von meinem
20 Manne reden, so weise ich Ihnen die Tür.

KROGSTAD Sie sind mutig, gnädige Frau.

NORA Ich habe vor Ihnen keine Angst mehr. Bald nach Neujahr werde ich aus der ganzen Geschichte heraus sein.

25 KROGSTAD *beherrscht sich wieder.* Hören Sie mich jetzt an, gnädige Frau. Im Notfalle werde ich auf Tod und Leben kämpfen, um meinen kleinen Pos-ten an der Bank zu behalten.

NORA Es sieht in der Tat so aus.

30 KROGSTAD Nicht wegen des Einkommens allein! Darum ist mir doch am wenigsten zu tun. Es han-delt sich um etwas andres –. Na ja, – ich muss heraus mit der Sprache! Sehen Sie, – es ist Folgen-des. Ihnen ist es gewiss so wie aller Welt bekannt,

dass ich mir vor etlichen Jahren habe eine Unbesonnenheit zu Schulden kommen lassen.

NORA Ich glaube, so etwas gehört zu haben.

KROGSTAD Die Sache kam nicht vor Gericht. Aber
von dem Augenblick an waren mir mit einem   5
Mal alle Wege wie versperrt. Nun warf ich mich
auf die Geschäfte, die Sie ja kennen. Irgendetwas
musste ich doch beginnen, und ich darf wohl
sagen, ich war keiner von den Schlimmsten. Jetzt
aber muss ich aus der ganzen Geschichte heraus.   10
Meine Söhne wachsen heran; um ihretwillen muss
ich versuchen, mir so viel bürgerliche Achtung wie
möglich wieder zu erringen. Der Posten bei der
Bank war sozusagen die erste Stufe für mich. Und
nun will Ihr Mann mich mit einem Fußtritt von   15
der Treppe hinunterstoßen, sodass ich wieder in
den Schmutz zu liegen komme.

NORA Aber um Gottes willen, Herr Krogstad, es liegt
absolut nicht in meiner Macht, Ihnen zu helfen.

KROGSTAD Weil Sie nicht den guten *Willen* haben. Ich   20
habe aber Mittel, Sie zu zwingen.

NORA Sie wollen meinem Manne doch wohl nicht
sagen, dass ich Ihnen Geld schuldig bin?

KROGSTAD Hm – und wenn ich es ihm nun sagte?

NORA Das wäre schändlich von Ihnen. *Die Tränen*   25
sind ihr nahe. Dieses Geheimnis, das meine Freude
und mein Stolz ist –, er sollte es auf so hässliche
und plumpe Art erfahren? Von *Ihnen* es erfahren?
Sie würden mich den schrecklichsten Unannehmlichkeiten aussetzen –   30

KROGSTAD Nur Unannehmlichkeiten?

NORA *heftig.* Aber tun Sie es nur! Sie selbst werden
den größten Schaden davon haben; dann wird
mein Mann erst sehen, was für ein schlechter

Mensch Sie sind. Und Sie werden Ihren Posten erst recht nicht behalten!

KROGSTAD Ich fragte, ob Sie nur *häusliche* Unannehmlichkeiten befürchten?

5 NORA Erfährt mein Mann davon, so wird er die Restsumme natürlich sofort bezahlen. Und dann haben wir nichts mehr mit Ihnen zu schaffen.

KROGSTAD *einen Schritt näher.* Hören Sie, Frau Helmer; – entweder haben Sie kein gutes Gedächtnis
10 oder Sie haben keine Ahnung von Geschäften. Ich muss Ihnen die Sache wohl etwas gründlicher auseinandersetzen.

NORA Wie das?

KROGSTAD Als Ihr Mann krank war, kamen Sie zu
15 mir, um zwölfhundert Taler zu leihen.

NORA Ich habe sonst niemand gewusst.

KROGSTAD Ich versprach, Ihnen das Geld zu verschaffen –

NORA Sie haben es mir ja auch verschafft.

20 KROGSTAD Ich versprach, Ihnen die Summe unter gewissen Bedingungen zu verschaffen. Sie waren damals von der Krankheit Ihres Mannes so in Anspruch genommen und so eifrig darauf aus, das Reisegeld zu bekommen, dass Sie für alle Neben-
25 umstände wohl keine Gedanken hatten. Es ist daher sehr angebracht, Sie daran zu erinnern. Nun denn, – ich versprach, Ihnen das Geld gegen einen Schuldschein zu verschaffen, den ich aufsetzte.

NORA Und den ich unterschrieben habe.

30 KROGSTAD Gut. Aber dem fügte ich unten noch einige Zeilen hinzu, worin Ihr Vater die Bürgschaft für die Schuld übernahm. Diese Zeilen sollte Ihr Vater unterschreiben.

NORA Sollte –? Er *hat* ja unterschrieben.

blanko: unaus-
gefüllt, leer

KROGSTAD Ich hatte das Datum in blanko gelassen; das heißt, Ihr Vater selbst sollte den Tag angeben, an dem er das Papier unterschrieb. Erinnern Sie sich, gnädige Frau?

NORA Ja, ich glaube wohl – 5

KROGSTAD Darauf übergab ich Ihnen den Schuldschein, damit Sie ihn mit der Post an Ihren Vater schickten. War das nicht so?

NORA Ja.

KROGSTAD Und das haben Sie natürlich auch sofort 10 getan, denn schon nach fünf oder sechs Tagen brachten Sie mir das Papier mit der Unterschrift Ihres Vaters zurück. Darauf bekamen Sie den Betrag ausgezahlt.

NORA Nun ja. Habe ich denn nicht prompt abbe- 15 zahlt?

KROGSTAD So ziemlich. Aber – um auf das zurückzukommen, wovon wir gesprochen haben, – das war damals wohl eine schwere Zeit für Sie, gnädige Frau. 20

NORA Ja, das war es.

KROGSTAD Ihr Vater lag gewiss sehr krank darnieder?

NORA Er lag in den letzten Zügen.

KROGSTAD Und er starb kurz darauf?

NORA Ja. 25

KROGSTAD Sagen Sie mir, Frau Helmer, wissen Sie zufällig noch den Todestag Ihres Vaters? Das Datum, meine ich?

NORA Papa starb am 29. September.

KROGSTAD Ganz richtig. Ich habe mich danach 30 erkundigt. Und deshalb kann ich mir einen sonderbaren Umstand – *zieht ein Papier hervor* – ganz und gar nicht erklären.

NORA Was für einen sonderbaren Umstand? Ich weiß nicht – 35

KROGSTAD Den sonderbaren Umstand, gnädige Frau, dass Ihr Vater diesen Schuldschein drei Tage nach seinem Tode unterschrieben hat.

NORA Wie? Ich verstehe nicht –

5 KROGSTAD Ihr Vater starb am 29. September. Nun sehen Sie her, – hier datiert die Unterschrift Ihres Vaters vom 2. Oktober. Ist das nicht sonderbar, gnädige Frau?

NORA *schweigt.*

10 KROGSTAD Können Sie mir das erklären?

NORA *schweigt noch immer.*

KROGSTAD Auffallend ist auch, dass die Worte »2. Oktober« und die Jahreszahl nicht die Handschrift Ihres Vaters zeigen, vielmehr eine Handschrift, die

15 mir bekannt vorkommt. Na, das lässt sich ja erklären. Ihr Vater kann vergessen haben, seine Unterschrift zu datieren, und dann mag irgendein anderer das Datum aufs Geratewohl hingesetzt haben, bevor man noch von dem Todesfall wusste. Dabei

20 ist auch nichts Schlimmes. Auf die Namensunterschrift kommt es an, und *die* ist doch echt, Frau Helmer? Ihr Vater hat doch in eigener Person seinen Namen hier hingeschrieben?

NORA *nach kurzer Pause, – wirft den Kopf zurück und*

25 *sieht ihn trotzig an.* Nein, dem ist nicht so: Ich habe Papas Namen unterschrieben.

KROGSTAD Ei, gnädige Frau – wissen Sie auch, dass das ein gefährliches Geständnis ist?

NORA Weshalb? Sie werden Ihr Geld bald bekom-

30 men.

KROGSTAD Erlauben Sie mir eine Frage, – weshalb haben Sie Ihrem Vater nicht das Dokument geschickt?

NORA Es war unmöglich. Papa lag ja krank. Wenn ich

35 ihn um seine Unterschrift gebeten hätte, so hätte

ich ihm auch sagen müssen, zu welchem Zweck
ich das Geld brauchte. Aber so einem Schwerkran-
ken konnte ich doch nicht sagen, dass Gefahr für
meines Mannes Leben sei? Das war ganz unmög-
lich.   5

KROGSTAD Dann wäre es besser für Sie gewesen, Sie
hätten die Reise ins Ausland aufgegeben.

NORA Nein, das war unmöglich. Die Reise sollte meinem Manne das Leben retten, – *die* konnt' ich
nicht aufgeben.   10

KROGSTAD Aber haben Sie denn nicht bedacht, dass
Sie mich damit betrogen?

NORA Darauf konnte ich *gar* keine Rücksicht nehmen. Sie gingen mich absolut nichts an. Ich
konnte Sie nicht ausstehen, weil Sie so herzlos   15
waren und so viele Schwierigkeiten machten,
obgleich Sie wussten, wie gefährlich es um meinen
Mann stand.

KROGSTAD Frau Helmer – wessen Sie sich eigentlich
schuldig gemacht haben, davon haben Sie offen-   20
bar keine klare Vorstellung. Aber ich kann Ihnen
sagen: Das, was ich einst begangen habe und was
meine ganze bürgerliche Stellung untergraben hat,
ist nichts Größeres und nichts Schlimmeres gewe-
sen.   25

NORA Sie? Sie wollen mir einreden, dass Sie etwas
Tapferes unternommen hätten, um Ihrer Frau das
Leben zu retten?

KROGSTAD Die Gesetze fragen nicht nach Beweg-
gründen.   30

NORA Dann müssen das sehr schlechte Gesetze sein.

KROGSTAD Schlecht oder nicht, – wenn ich dies Stück
Papier dem Gericht vorlege, so werden Sie nach
den Gesetzen verurteilt.

NORA Das glaube ich nun und nimmermehr! Eine Tochter sollte nicht das Recht haben, ihrem alten, todkranken Vater Angst und Kummer zu ersparen? Eine Frau sollte nicht das Recht haben, ihrem Manne das Leben zu retten? Ich kenne die Gesetze nicht so genau, aber ich bin überzeugt, irgendwo muss darin stehen, dass so etwas erlaubt ist. Und darüber wissen Sie nicht Bescheid, Sie, ein Anwalt? Sie müssen ein schlechter Jurist sein, Herr Krogstad.

KROGSTAD Mag sein. Aber nicht wahr, auf Geschäfte, – auf solche Geschäfte, wie *wir* sie miteinander haben, auf *die* verstehe ich mich doch wohl? Gut. Tun Sie jetzt, was Ihnen beliebt. Aber *das* sage ich Ihnen: Werde ich zum zweiten Male ausgestoßen, so sollen Sie mir Gesellschaft leisten. *Er grüßt und geht durchs Vorzimmer ab.*

NORA *eine Weile nachdenklich, wirft dann den Kopf in den Nacken.* Ach was! – Er will mir Angst machen! So einfältig bin ich denn doch nicht. *Fängt an, die Mäntel der Kinder zusammenzulegen, hält bald damit inne.* Aber –? – – Nein, das ist ja doch unmöglich! Ich habe es doch aus Liebe getan.

DIE KINDER *links in der Tür.* Mama, eben ist der fremde Mann aus dem Haus gegangen.

NORA Ja, ja, ich weiß. Aber sagt keinem etwas von dem fremden Mann. Hört ihr? Auch nicht Papa.

DIE KINDER Nein, Mama. Willst du jetzt wieder mit uns spielen?

NORA Nein, nein, nicht jetzt.

DIE KINDER Aber Mama, du hast es doch versprochen!

NORA Ja, aber ich kann jetzt nicht! Geht hinein, ich habe zu viel zu tun. Hinein, hinein mit euch, meine lieben, süßen Kinder. *Sie nötigt sie liebevoll in das anstoßende Zimmer, schließt die Tür hinter ihnen und setzt sich aufs Sofa; sie nimmt eine Stickerei und macht einige Stiche, hält jedoch bald wieder inne.* Nein! *Wirft die Stickerei hin, steht auf, geht an die Vorzimmertür und ruft hinaus:* Helene! Den Tannenbaum! *Geht links an den Tisch und öffnet die Schieblade, hält wieder inne.* Nein, – aber das ist ja ganz unmöglich!

HAUSMÄDCHEN *mit dem Tannenbaum.* Wo soll er hin, gnädige Frau?

NORA Dorthin, mitten ins Zimmer.

HAUSMÄDCHEN Soll ich sonst noch etwas bringen?

NORA Nein, danke, ich habe alles, was ich brauche. *Das Mädchen hat den Baum hingestellt und geht wieder hinaus. Nora beginnt den Baum zu putzen.* Hier kommen Lichter hin, – und da Blumen. – Der abscheuliche Mensch! Unsinn! Unsinn! Unsinn! Es ist alles in Ordnung. Der Weihnachtsbaum soll schön werden. Alles will ich tun, was dir Freude macht, Torvald; – ich will dir etwas vorsingen – vortanzen –

HELMER *kommt, einen Stoß Schriftstücke unter dem Arm, von draußen.*

NORA Ah, – kommst du schon wieder?

HELMER Ja. Ist wer hier gewesen?

NORA Hier? Nein.

HELMER Sonderbar! Ich sah, wie Krogstad das Haus verließ.

NORA So –? Ach richtig, Krogstad – der war einen Augenblick hier.

HELMER Nora, ich sehe dir's an: Er ist hier gewesen und hat dich gebeten, ein gutes Wort für ihn einzulegen.

NORA Ja.

HELMER Und das solltest du wie aus eigenem Antriebe tun. Du solltest mir verschweigen, dass er hier gewesen war. Hat er dich nicht auch darum gebeten?

5 NORA Ja, Torvald; aber –

HELMER Nora, Nora, und *darauf* konntest du dich einlassen? Mit einem solchen Menschen eine Unterhaltung führen und ihm noch Versprechungen machen? Und mir obendrein die Unwahrheit 10 sagen!

NORA Die Unwahrheit –?

HELMER Sagtest du nicht, es wäre niemand hier gewesen? *Droht mit dem Finger.* Das darf mein Singvögelchen nie wieder tun. Ein Singvogel darf nur mit 15 reinem Schnäbelchen zwitschern, – keine falschen Töne! *Fasst sie um die Taille.* Muss es nicht so sein? Ja – ich wusste es wohl. *Lässt sie los.* Und nun nichts mehr davon. *Setzt sich vor den Ofen.* Ah, wie warm und gemütlich es hier ist. *Blättert in den* 20 *Papieren.*

NORA *mit dem Tannenbaum beschäftigt, nach kurzer Pause.* Torvald!

HELMER Ja?!

NORA Ich freue mich grenzenlos auf den Kostümball 25 übermorgen bei Stenborgs.

HELMER Und ich bin grenzenlos neugierig, womit du mich überraschen wirst.

NORA Ach, es ist zu dumm!

HELMER Was?

30 NORA Mir fällt gar nichts Ordentliches ein; es ist alles so albern, so nichtssagend.

HELMER Ist Norachen zu *der* Erkenntnis gekommen?

NORA *hinter seinem Stuhl, die Arme auf der Stuhllehne.* Hast du sehr viel zu tun, Torvald?

35 HELMER Ach –

NORA Was sind das für Papiere?

HELMER Bankangelegenheiten.

NORA Schon?

HELMER Ich habe mir von der abtretenden Direktion Vollmacht geben lassen, die nötigen Veränderungen im Personal und im Geschäftsplan vornehmen zu dürfen. Dazu muss ich die Weihnachtswoche benutzen. Ich will bis Neujahr alles in Ordnung haben.

NORA Deshalb also war der arme Krogstad –

HELMER Hm.

NORA *lehnt sich noch immer auf die Stuhllehne, krault ihn langsam im Nackenhaar.* Wenn du nicht so viel zu tun hättest, so würde ich dich um einen *sehr* großen Gefallen bitten, Torvald.

HELMER Lass hören. Was sollte das sein?

NORA Keiner hat ja einen so feinen Geschmack wie du. Nun möchte ich gern recht hübsch aussehen auf dem Kostümball. Torvald, kannst du mir nicht helfen und bestimmen, als was ich gehen und wie mein Anzug gemacht sein soll?

HELMER Aha, der kleine Eigensinn ist auf der Suche nach einem rettenden Engel?

NORA Ja, Torvald, ohne deinen Beistand bringe ich es nicht fertig.

HELMER Na schön; ich werde mir die Sache überlegen; wir werden schon etwas ausfindig machen.

NORA Ach, das ist reizend von dir. *Geht wieder an den Weihnachtsbaum; Pause.* Wie hübsch die roten Blumen sich machen. – Sag einmal, ist das wirklich so schlimm, was dieser Krogstad verbrochen hat?

HELMER Er hat Unterschriften gefälscht. Hast du einen Begriff davon, was das heißen will?

NORA Kann er es nicht aus Not getan haben?

HELMER Ja, oder – wie so mancher andere – aus Leichtsinn. Ich bin nicht so herzlos, dass ich einen Menschen um einer solchen vereinzelten Handlung willen unbedingt verurteilen würde.

5 NORA Nein, – nicht wahr, Torvald?

HELMER Manch einer kann sich moralisch wieder aufrichten, wenn er sein Vergehen offen bekennt und seine Strafe abbüßt.

NORA Strafe –?

10 HELMER Den Weg aber hat Krogstad nicht betreten. Mit Kniffen und Schlichen schwindelte er sich durch; und eben *das* hat ihn moralisch ruiniert.

NORA Glaubst du, dass –?

HELMER Nun denke dir, wie solch ein schuldbewuss-
15 ter Mensch nach allen Seiten hin lügen und heucheln und sich verstellen muss; wie er vor seinen Allernächsten, ja selbst vor seiner eigenen Frau und seinen Kindern eine Maske tragen muss. Vor den *Kindern,* Nora, das ist gerade das Entsetz-
20 lichste.

NORA Weshalb?

HELMER Weil ein solcher Dunstkreis von Lüge in die ganze Familie Ansteckungs- und Krankheitsstoff bringt. Jeder Atemzug, den die Kinder in einem
25 solchen Hause tun, ist erfüllt von Keimen irgendeiner bösen Tat.

NORA *näher hinter ihm.* Bist du dessen sicher?

HELMER Mein Schatz, das habe ich als Advokat oft genug erfahren. Fast alle früh verdorbenen Men-
30 schen haben lügenhafte Mütter gehabt.

NORA Warum gerade – Mütter?

HELMER Am häufigsten kommt es von den Müttern her. Aber Väter wirken natürlich in derselben Richtung. Das ist jedem Juristen sehr wohl bekannt.
35 Und doch ist dieser Krogstad Jahre hindurch

imstande gewesen, seine eigenen Kinder durch
Lüge und Verstellung zu vergiften; und *deshalb*
nenne ich ihn moralisch verkommen. *Streckt ihr die
Hände entgegen.* Darum muss meine herzige kleine
Nora mir versprechen, nicht seine Partei zu ergrei-   5
fen. Hand darauf? Nun, nun. Was ist das? Gib mir
die Hand. So. Abgemacht, also. Ich versichere dir,
es wäre mir unmöglich, mit ihm zusammenzuar-
beiten. Mich überkommt in der Nähe solcher Menschen buchstäblich ein körperliches Unbehagen.   10

NORA *entzieht ihm ihre Hand und geht an die andere
Seite des Tannenbaums hinüber.* Wie heiß es hier ist.
Und ich habe so viel zu tun.

HELMER *steht auf und nimmt seine Papiere zusammen.*
Ja, ich muss auch vor Tisch hiervon noch einiges   15
durchlesen. Und auch an dein Kostüm muss ich
denken. Vielleicht habe ich sogar etwas auf Lager,
das man in Goldpapier an den Weihnachtsbaum
hängen könnte. *Legt die Hand auf ihren Kopf.* Oh,
du mein geliebtes Singvögelchen! *Er geht in sein*   20
Zimmer und schließt die Tür hinter sich.

NORA *leise, nach kurzer Pause.* Ach was! Es *kann* nicht
sein. Es ist unmöglich. Es muss unmöglich sein.

KINDERFRAU *links in der Tür.* Die Kleinen bitten so
schön, zur Mama hereinzudürfen.   25

NORA Nein, nein, nein! Nicht zu mir herein! Bleib du
bei Ihnen, Anne-Marie.

KINDERFRAU Ja, ja, gnädige Frau. *Schließt die Tür.*

NORA *bleich vor Schrecken.* Ich meine Kleinen verderben –! Das Heim vergiften? *Kurze Pause; hebt den*   30
Kopf. Das ist nicht wahr. Das ist in alle Ewigkeit
nicht wahr!

Zweiter Akt

Dasselbe Zimmer. Oben in der Ecke beim Klavier steht der Weihnachtsbaum, geplündert, zerzaust und mit herabgebrannten Lichtern; Noras Hut und Mantel liegen auf dem Sofa.

5 *Nora ist allein im Zimmer, sie geht unruhig auf und ab; schließlich bleibt sie am Sofa stehen und nimmt ihren Mantel.*

NORA *lässt den Mantel wieder fallen.* Da ist wer! *Geht an die Tür, lauscht.* Nein, – niemand. Natürlich –
10 heut am ersten Weihnachtstag kommt niemand, – und morgen auch nicht. – Aber vielleicht – *Öffnet die Tür und sieht hinaus.* Nein, nichts im Briefkasten. Ganz leer. *Geht durchs Zimmer.* Ach Unsinn! Er macht natürlich nicht ernst! So etwas *kann* doch
15 nicht geschehen. Es ist unmöglich. Ich habe ja drei kleine Kinder.
Die Kinderfrau kommt mit einer großen Pappschachtel aus dem Zimmer links.

KINDERFRAU Endlich habe ich die Schachtel mit dem
20 Maskenanzug gefunden.

NORA Schön. Stell sie auf den Tisch.

KINDERFRAU *tut es.* Er ist aber arg in Unordnung.

NORA Wenn ich ihn nur in hunderttausend Stücke zerreißen könnte!

25 KINDERFRAU Aber nein! Man kann ihn sehr gut wieder herrichten; nur ein bisschen Geduld!

NORA Ja, ich will hin und Frau Linde holen, dass sie mir hilft.

KINDERFRAU Schon wieder aus? In diesem garstigen
30 Wetter? Frau Nora, Sie werden sich erkälten – krank werden.

NORA Das wäre noch nicht das Schlimmste. – Was machen die Kinder?

Maskenanzug: Kostüm für die Verkleidung bei einem Maskenfest

KINDERFRAU Die armen Würmerchen spielen mit ihren Weihnachtsgeschenken. Aber –

NORA Fragen sie oft nach mir?

KINDERFRAU Sie sind ja so daran gewöhnt, immer ihre Mama um sich zu haben. 5

NORA Ja aber, Anne-Marie, in Zukunft kann ich nicht mehr so viel mit ihnen zusammen sein wie bisher.

KINDERFRAU Na, kleine Kinder gewöhnen sich ja an alles.

NORA Glaubst du? Meinst du, sie würden ihre Mama 10 vergessen, wenn ich ganz wegginge?

KINDERFRAU Behüte –, ganz weg!

NORA Du, Anne-Marie, sag mir, – ich habe so oft darüber nachgedacht, – wie hast du es übers Herz bringen können, dein Kind zu fremden Leuten zu 15 tun?

KINDERFRAU Aber das musste ich ja, wenn ich die Amme der kleinen Nora werden wollte!

NORA Ja, dass du das aber *wolltest*?

KINDERFRAU Wenn ich doch eine so gute Stelle krie- 20 gen konnte. Ein armes Mädchen, das ins Unglück gekommen ist, muss doch noch froh sein. Denn der schlechte Mensch hat ja nichts für mich getan.

NORA Aber deine Tochter hat dich doch gewiss vergessen? 25

KINDERFRAU Ach nein, das hat sie nicht. Sie hat mir geschrieben, als sie konfirmiert wurde, und auch, als sie heiratete.

NORA *umarmt sie.* Du alte Anne-Marie! Du bist mir eine so gute Mutter gewesen, als ich klein war! 30

KINDERFRAU Die arme kleine Nora hatte ja keine andere Mutter als mich.

NORA Und wenn meine Kleinen nun keine andere mehr hätten, so weiß ich wohl, dass du auch ihnen – Unsinn, Unsinn, Unsinn! *Öffnet die Papp-* 35 *schachtel.* Geh hinein zu ihnen. Ich muss jetzt – du sollst sehen, wie schön ich mich morgen mache.

KINDERFRAU Ja, auf dem ganzen Ball wird gewiss keine so schön sein wie Frau Nora. *Links ab.*

5 NORA *beginnt die Schachtel auszupacken, wirft das Ganze aber bald wieder hin.* Ach, dürft' ich nur ausgehen! Wenn nur keiner kommt. Wenn hier zu Hause inzwischen nur nichts passiert. Ach Unsinn. Wer soll denn kommen?! Nur nicht daran

10 denken. Jetzt wird der Muff abgebürstet. Schöne Handschuhe. Schöne Handschuhe. Nimm's leicht! Nimm's leicht! Eins – zwei – drei – vier – fünf – sechs – *schreit auf.* Ach, da kommen sie – *will nach der Tür, bleibt unentschlossen stehen.*

15 FRAU LINDE *kommt aus dem Vorzimmer, wo sie Hut und Mantel abgelegt hat.*

NORA Ach, du bist es, Christine. Sonst ist wohl niemand draußen? – Wie gut, dass du da bist.

FRAU LINDE Ich höre, du warst bei mir oben und hast

20 nach mir gefragt.

NORA Ja, ich ging gerade vorüber. Du musst mir bei etwas helfen. Setzen wir uns aufs Sofa. Also höre! Morgen ist oben beim Konsul Stenborg ein Kostümball, und da will Torvald, dass ich als neapo-

25 litanisches Fischermädchen gehen und die Tarantella tanzen soll, denn die habe ich auf Capri gelernt.

FRAU LINDE Sieh mal an, du wirst also eine förmliche Vorstellung geben?

30 NORA Ja. Torvald meint, ich sollte es. Sieh, da ist das Kostüm. Torvald hat es mir in Italien machen lassen; aber jetzt ist alles so zerknüllt, dass ich gar nicht weiß –

FRAU LINDE Das wollen wir schon wieder in Ordnung

35 bringen; der Besatz ist ja nur losgegangen an eini-

Muff: Hülle aus Pelz, um die Hände zu wärmen

Tarantella: schneller Tanz aus Süditalien, nach dem Volksglauben wird er durch den Biss einer Tarantel (Giftspinne) verursacht und soll bis zum Erschöpfen getanzt werden, um das Gift zu bekämpfen

Capri: Insel im Golf von Neapel

gen Stellen. Hast du Nadel und Faden? So, – da ist
ja alles, was wir brauchen.

NORA Oh, wie lieb das von dir ist.

FRAU LINDE *näht.* Also morgen wirst du in Kostüm
sein? Weißt du was, Nora, – dann komme ich auf   5
einen Augenblick her, um dich in deinem Staat zu
sehen. Aber ich habe ja ganz vergessen, dir für den
gemütlichen Abend gestern zu danken.

NORA *steht auf und geht im Zimmer auf und ab.* Ach,
gestern fand ich es hier nicht so gemütlich wie   10
sonst. – Du hättest früher in die Stadt kommen
sollen, Christine. – Ja, Torvald versteht es wirklich,
ein nettes und feines Haus zu machen.

FRAU LINDE Und du nicht minder, sollte ich meinen.
Umsonst bist du doch nicht die Tochter deines   15
Vaters. Aber sag mir, ist der Herr Doktor Rank
immer so verstimmt wie gestern?

NORA Nein, – gestern war es sehr auffallend. Übrigens
hat er eine sehr gefährliche Krankheit. Der Ärmste
hat die Rückenmarkschwindsucht. Du musst näm-   20
lich wissen, sein Vater war ein ganz widerwärtiger
Mensch, der sich Weiber hielt, und so weiter –;
und daher, verstehst du wohl, war der Sohn von
Kindheit an schon krank.

FRAU LINDE *lässt die Näharbeit in den Schoß fallen.*   25
Aber liebste, beste Nora, woher weißt du solche
Sachen?

NORA *spaziert hin und her.* Pah, – wenn man drei Kinder hat, so bekommt man zuweilen Besuch von –
von Frauen, die so gewissermaßen halbe Doktoren   30
sind; und die erzählen einem ja dies und das.

FRAU LINDE *näht wieder; kurze Pause.* Kommt Herr
Doktor Rank täglich zu euch ins Haus?

Rückenmarks-
schwindsucht:
unheilbare
Erkrankung des
Rückenmarks

Sein Vater war
…: Anspielung
auf die Syphilis
des Vaters

NORA Jeden lieben Tag. Er ist ja Torvalds bester Jugendfreund. Und mein guter Freund ist er auch. Der Doktor gehört sozusagen zur Familie.

FRAU LINDE Aber sag mir mal: Ist der Mann ganz
5   aufrichtig? Ich meine, sagt er den Leuten nicht gern Komplimente?

NORA Ganz im Gegenteil. Wie kommst du darauf?

FRAU LINDE Als du mich ihm gestern vorstelltest, versicherte er, dass er meinen Namen hier im Hause
10   oft gehört habe. Doch später merkte ich, dass dein Mann keine Ahnung hatte, wer ich eigentlich bin. Wie konnte denn Herr Rank –?

NORA Ja, das ist ganz richtig, Christine. Torvald hat mich so unbeschreiblich lieb, und deshalb will er
15   mich ganz allein für sich haben, wie er sagt. In der ersten Zeit wurde er fast eifersüchtig, wenn ich die lieben Menschen zu Hause auch nur erwähnte. Da unterließ ich es natürlich. Aber mit dem Doktor spreche ich oft von so etwas; denn siehst du, er
20   hört das gern mit an.

FRAU LINDE Hör mal, Nora, in vielen Dingen bist du noch ein Kind. Ich bin ja manches Jahr älter als du und habe etwas mehr Erfahrung. Ich will dir etwas sagen: Trachte, der Geschichte mit dem Doktor
25   Rank ein Ende zu machen.

NORA Ein Ende zu machen – welcher Geschichte?

FRAU LINDE Na, überhaupt, meine ich. Gestern plappertest du von einem reichen Anbeter, der dir Geld verschaffen sollte –

30 NORA Ja, von einem, der gar nicht existiert, – leider. Was weiter?

FRAU LINDE Hat Doktor Rank Vermögen?

NORA Ja, das hat er.

FRAU LINDE Und niemand, für den er zu sorgen hat?

35 NORA Niemand. Aber –?

FRAU LINDE Und er kommt täglich zu euch ins Haus?

NORA Du hörst es ja.

FRAU LINDE Wie kann dieser feine Mann nur so aufdringlich sein?

NORA Ich verstehe dich absolut nicht.   5

FRAU LINDE Verstell dich nicht, Nora. Glaubst du etwa, ich erriete nicht, von wem du die zwölfhundert Taler geborgt hast?

NORA Bist du ganz von Sinnen? Wie kannst du so etwas glauben? Ein Freund unsres Hauses, der uns 10 jeden einzigen Tag besucht. – Welch eine fürchterlich peinliche Lage wäre das!

FRAU LINDE Also er ist es wirklich nicht?

NORA Nein, wahrhaftig nicht. Auch nicht einen Augenblick ist mir der Gedanke gekommen –. 15 Damals hatte er auch noch gar kein Geld zum Verleihen; er hat erst später geerbt.

FRAU LINDE Na, ich glaube, das war ein Glück für dich, meine liebe Nora.

NORA Nein; den Doktor zu bitten, – das konnte mir 20 doch nie im Leben einfallen –. Übrigens bin ich fest überzeugt, wenn ich ihn bäte, so –

FRAU LINDE Das wirst du natürlich nicht tun.

NORA Natürlich nicht. Ich kann nicht glauben, kann mir nicht denken, dass es nötig würde. Aber ich 25 bin ganz sicher: Wenn ich mit dem Doktor spräche, so –

FRAU LINDE Hinter deines Mannes Rücken?

NORA Ich muss heraus aus der andern Geschichte, – das geschieht auch hinter seinem Rücken. Ich *muss* 30 heraus aus dieser Geschichte.

FRAU LINDE Ja, ja, das sagte ich gestern schon; aber –

NORA *geht auf und ab.* Ein Mann kann dergleichen viel besser in Ordnung bringen als ein Frauenzimmer –   35

FRAU LINDE Der eigene Mann, ja.

NORA Unsinn! *Bleibt stehen.* Wenn man alles bezahlt, was man schuldig ist, so bekommt man doch seinen Schuldschein wieder?

5 FRAU LINDE Ja, das versteht sich.

NORA – und darf ihn in hunderttausend Stücke reißen und ihn verbrennen, – das ekelhafte, dreckige Papier!

FRAU LINDE *sieht sie fest an, legt das Nähzeug hin*
10 *und steht langsam auf.* Nora, du verheimlichst mir etwas.

NORA Kannst du mir das ansehen?

FRAU LINDE Seit gestern Morgen ist dir etwas passiert. Nora, was ist es?

15 NORA *tritt zu ihr.* Christine! *Horcht.* Still! Da kommt Torvald nach Hause. Da – geh inzwischen zu den Kindern hinein. Torvald kann die Schneiderei nicht leiden. Lass dir von Anne-Marie helfen.

FRAU LINDE *sucht einen Teil der Sachen zusammen.*
20 Ja, – doch ich gehe nicht weg von hier, bevor wir nicht offen miteinander gesprochen haben. *Sie geht links ab; in demselben Augenblick tritt Helmer vom Vorzimmer herein.*

NORA *geht ihm entgegen.* Ach, wie habe ich dich
25 erwartet, lieber Torvald.

HELMER War das die Schneiderin –?

NORA Nein, – es war Christine; sie hilft mir mein Kostüm aufarbeiten. Pass nur auf, wie hübsch ich aussehen werde.

30 HELMER War das nicht ein glücklicher Einfall von mir?

NORA Ein prächtiger Einfall! Doch es ist auch nett von mir, dass ich dir den Gefallen tue!

HELMER *fasst sie unters Kinn.* Nett, – weil du deinem
35 Manne den Gefallen tust? Na, na, du kleiner Wild-

fang, ich weiß schon, du hast es nicht so gemeint.
Aber ich will dich nicht stören; du wirst vermutlich
anprobieren müssen.

NORA Und du musst wohl arbeiten?

HELMER Ja. *Zeigt ihr einen Stoß Papiere.* Sieh mal her, 5
ich war in der Bank – *Will in sein Zimmer gehen.*

NORA Torvald!

HELMER *bleibt stehen.* Ja.

NORA Wenn dein Eichhörnchen dich nun so recht
schön und innig um etwas bäte –? 10

HELMER Was denn?

NORA Würdest du es dann tun?

HELMER Zuerst muss ich doch wissen, um was es sich
handelt.

NORA Das Eichhörnchen würde umherspringen und 15
Kapriolen machen, wenn du lieb und nachgiebig
wärest.

HELMER Also heraus damit!

NORA Die Lerche würde laut und leise durch alle
Zimmer zwitschern – 20

HELMER Ach was, das tut meine Lerche auch so.

NORA Ich würde wie die Elfen im Mondenschein
spielen und vor dir tanzen, Torvald.

HELMER Nora – es handelt sich doch wohl nicht um
das, worauf du heut Morgen schon angespielt hast? 25

NORA *dringender.* Ja, Torvald, – ich bitte dich so herz-
lich!

HELMER Du hast wirklich den Mut, noch einmal auf
die Sache zurückzukommen?

NORA Ja, ja, du *musst* mir den Gefallen tun. Du *musst* 30
Krogstad seinen Posten an der Bank lassen.

HELMER Meine liebe Nora, seine Stelle habe ich für
Frau Linde bestimmt.

Kapriole: Luft-
sprung, lustiger
Streich

Elfe: kleiner,
schwebender
Naturgeist in
Menschenge-
stalt

NORA Das ist unendlich gut von dir. Aber du brauchst ja nur einen anderen Komptoiristen an Krogstads Stelle zu entlassen.

HELMER Das ist mir doch ein unglaublicher Eigen-
5 sinn! Weil du das leichtsinnige Versprechen gegeben hast, ein gutes Wort für ihn einzulegen, sollte ich –!

NORA Nicht deshalb, Torvald. Um deiner selbst willen. Dieser Mensch schreibt ja für die schmutzigs-
10 ten Zeitungen; du selber hast mir das gesagt. Er kann dir unsäglich viel Schaden tun. Ich habe eine Todesangst vor ihm – –

HELMER Aha, ich verstehe, – alte Erinnerungen schrecken dich.

15 NORA Was meinst du damit?

HELMER Du denkst natürlich an deinen Vater!

NORA Ja, jawohl. Erinnere dich nur, wie boshafte Menschen über Papa in die Zeitungen schrieben und wie gräulich sie ihn verleumdeten. Ich
20 glaube, sie hätten es dahin gebracht, dass man ihn absetzte, wenn die Regierung dich nicht hingeschickt hätte, um die Sache zu untersuchen. Und wenn du ihn nicht so wohlwollend und nachsichtig behandelt hättest.

25 HELMER Meine kleine Nora, zwischen deinem Vater und mir ist ein bedeutender Unterschied. Dein Vater war als Beamter nicht unantastbar. Doch ich bin es. Und ich hoffe es auch zu bleiben, solange ich in meiner Stellung bin.

30 NORA Ach, man kann nie wissen, worauf böse Menschen verfallen. Jetzt könnten wir so nett, so ruhig und so glücklich in unserm friedlichen, von Sorgen verschonten Heim leben, – du und ich und die Kinder, Torvald! *Des*halb bitte ich dich inständig –

HELMER Und gerade durch deine Fürbitte machst du
es mir unmöglich, ihn zu behalten. Es ist in der
Bank schon bekannt geworden, dass ich Krogstad
kündigen will. Wenn es nun hieße, der neue Direktor hätte sich von seiner Frau umstimmen lassen –   5

NORA Nun, was dann –?

HELMER Na natürlich, – wenn mein kleiner Eigensinn nur seinen Willen bekommt –. Lächerlich
würde ich mich machen, vor dem ganzen Personal, – würde die Leute auf den Gedanken bringen,   10
dass ich von allen möglichen fremden Einflüssen
abhängig sei. Glaub nur, ich würde die Folgen bald
zu spüren haben! Und außerdem, – es gibt noch
einen Umstand, der Krogstad ganz unmöglich bei
der Bank macht, solange ich Direktor bin.   15

NORA Und der wäre?

HELMER Seine moralischen Mängel hätte ich im Not-
fall noch übersehen können –

NORA Ja, nicht wahr, Torvald?

HELMER Ich höre auch, dass er ganz brauchbar sein   20
soll. Aber er ist ein Jugendbekannter von mir. Das
ist so eine jener übereilten Bekanntschaften, die
einen später im Leben so oft genieren. Ich kann
es dir ja offen gestehen: Wir duzen uns. Und dieser taktlose Mensch macht durchaus kein Hehl   25
daraus, wenn andere zugegen sind. Im Gegenteil, –
er glaubt, dass ihn das zu einem familiären Ton
mir gegenüber berechtigt; und so spielt er jeden
Augenblick seinen Trumpf aus, mit seinem: Du,
du Helmer. Ich versichere dir, das berührt mich   30
im höchsten Grade peinlich. Er würde mir meine
Stellung bei der Bank unerträglich machen.

NORA Torvald, das alles kann nicht dein Ernst sein.

HELMER So? Weshalb nicht?

NORA Nein, – denn das da sind nur kleinliche Rücksichten.

HELMER Was sagst du da? Kleinliche Rücksichten? Du hältst mich für kleinlich?

5 **NORA** Im Gegenteil, lieber Torvald. Und gerade deshalb –

HELMER Gleichviel; du nennst meine Beweggründe kleinlich; dann muss ich wohl auch kleinlich sein. Kleinlich! Sieh mal an! Na wahrhaftig, dem soll ein

10 Ende gemacht werden. *Geht an die Tür des Vorzimmers und ruft:* Helene!

NORA Was willst du?

HELMER *sucht zwischen den Papieren.* Schluss will ich machen! *Das Hausmädchen tritt ein.* Da nehmen

15 Sie den Brief und gehen Sie gleich damit hinunter. Lassen Sie ihn durch einen Dienstmann besorgen. Aber schnell! Die Adresse steht drauf. Da ist Geld.

HAUSMÄDCHEN Schön. *Mit dem Brief ab. Helmer legt die Papiere zusammen.*

20 **HELMER** So, mein kleiner Trotzkopf.

NORA *atemlos.* Torvald, – was war das für ein Brief?

HELMER Krogstads Kündigung.

NORA Nimm ihn zurück, Torvald! Noch ist es Zeit. Ach, Torvald, nimm ihn zurück, tu's mir zuliebe; –

25 dir zuliebe, den Kindern zuliebe! Hörst du, Torvald, tu es. Du weißt nicht, was diese Kündigung über uns alle bringen kann.

HELMER Zu spät.

NORA Ja, – zu spät.

30 **HELMER** Liebe Nora, ich verzeihe dir diese Angst, obgleich sie eigentlich eine Beleidigung für mich ist. Ja, das ist sie! Oder ist es vielleicht keine Beleidigung, wenn du glaubst, dass *ich* die Rache eines verkommenen Winkelschreibers zu fürchten hätte?

35 Aber ich verzeihe dir trotzdem, weil du mir damit

Winkelschreiber: abwertende Bezeichnung für einen Rechtsanwalt, der unehrliche Methoden anwendet ein so schönes Zeugnis deiner großen Liebe gibst. *Schließt sie in seine Arme.* Es muss nun einmal sein, meine heiß geliebte Nora. Mag da geschehen, was will. Glaub mir, wenn es drauf ankommt, habe ich Mut und Kraft. Du sollst sehen, ich bin der Mann, 5 der alles auf sich nimmt.

NORA *schreckensstarr.* Was meinst du damit?

HELMER Alles, sage ich –

NORA *gefasst.* Das sollst du nie und nimmermehr.

HELMER Gut; dann teilen wir, Nora, – als Mann 10 und Frau. Es ist, wie es sein soll. *Liebkost sie.* Bist du jetzt zufrieden? So – so – so – –; nicht diese erschrockenen Taubenaugen. Das alles ist ja nichts andres als leere Einbildungen. – Du solltest jetzt die Tarantella noch einmal durchspielen und 15 dich auf dem Tamburin üben. Ich setze mich in das mittlere Bureau und schließe die Zwischentür, dann höre ich nichts; du kannst so viel Lärm machen, wie du willst. *Dreht sich in der Tür um.* Und wenn Rank kommt, so sag ihm, wo ich zu 20 finden bin. *Er nickt ihr zu, geht mit seinen Papieren in sein Zimmer und schließt die Tür hinter sich.*

NORA *verwirrt vor Angst, steht wie festgewurzelt und flüstert:* Er wäre imstande, es zu tun. Er tut es, der ganzen Welt zum Trotz. – Nein, – das nicht – in 25 alle Ewigkeit nicht! Alles, nur das nicht! Rettung –! Ein Ausweg – *Es klingelt im Vorzimmer.* Der Doktor! – Alles, nur das nicht! Alles andere eher, – was es auch sei! *Sie streicht sich über das Gesicht, sucht sich zu fassen und öffnet die Tür zum Vorzimmer.* 30 *Draußen steht Doktor Rank und hängt seinen Pelz an den Riegel. Während des Folgenden beginnt es zu dunkeln.*

NORA Guten Tag, Doktor. Ich habe Sie am Klingeln erkannt. Aber gehen Sie doch nicht zu Torvald 35 hinein; denn ich glaube, er ist beschäftigt.

RANK Und Sie?

NORA, *indem er ins Zimmer tritt und sie die Tür hinter ihm schließt.* Ach, Sie wissen ganz gut, – für Sie habe ich immer etwas Zeit übrig.

5 RANK Ich danke Ihnen. Ich werde davon Gebrauch machen, solange ich noch kann.

NORA Was wollen Sie damit sagen? Solange Sie noch können?

RANK Na ja, *erschreckt* Sie das?

10 NORA Es ist ein so wunderlicher Ausdruck. Wird denn irgendetwas geschehen?

RANK Es wird *das* geschehen, worauf ich lange vorbereitet gewesen bin. Ich habe nun allerdings nicht geglaubt, dass es so bald kommen würde.

15 NORA *fasst seinen Arm.* Über was haben Sie Gewissheit erlangt? Doktor, Sie müssen es mir sagen.

RANK *setzt sich an den Ofen.* Es geht bergab mit mir. Daran ist nichts zu ändern.

NORA *atmet erleichtert auf.* Sie reden von sich –

20 RANK Von wem sonst? Was nützt es, sich selbst zu belügen? Ich bin der elendeste von allen meinen Patienten, Frau Helmer. An diesen Tagen habe ich die Bilanz meines inneren Status gezogen. Bankerott! Noch einen Monat, und ich liege gewiss

25 schon auf dem Kirchhof und modere.

NORA Pfui, wie hässlich Sie reden.

RANK Die Geschichte ist auch verflucht hässlich. Doch das Schlimmste ist, dass so viel andres Hässliches vorausgehen wird. Mir bleibt nur noch eine

30 einzige Untersuchung übrig; bin ich damit fertig, so weiß ich ungefähr, wann die Auflösung beginnt. Ich möchte Ihnen etwas sagen. Helmer, mit seiner feinen Natur, hegt einen so ausgeprägten Widerwillen gegen alles, was hässlich ist. Ich will ihn nicht

35 in meinem Krankenzimmer haben –

Status: Gesundheitszustand

NORA Aber, Doktor –

RANK Ich will ihn nicht da haben. Unter keiner
Bedingung. Ich verschließe ihm meine Tür. –
Sobald ich volle Gewissheit über das Schlimmste
habe, schicke ich Ihnen meine Visitenkarte mit   5
einem schwarzen Kreuz darauf, und dann wissen
Sie, dass die Scheußlichkeit der Zerstörung begon-
nen hat.

NORA Nein, heut sind Sie aber abgeschmackt. Und
ich hätte Sie doch so gern in guter Laune gesehen!   10

RANK Mit dem Tod im Herzen? – Büßen zu müssen
für die Schuld eines andern! Ist darin Gerechtig-
keit? Und über jeder Familie hängt in irgendeiner
Art solch eine unerbittliche Vergeltung –

NORA *hält sich die Ohren zu.* Unsinn! Lustig, lustig!   15

RANK Meiner Seel', die ganze Geschichte ist eigentlich auch nur zum Lachen. Mein armes unschuldi-
ges Rückgrat muss für die lustigen Leutnantstage
meines Vaters büßen.

NORA *links am Tisch.* Er soll ja auf Spargel und Gänse-   20
leberpastete so erpicht gewesen sein. War's nicht
so?

RANK Ja, auch auf Trüffeln.

NORA Auch auf Trüffeln. Und auf Austern auch, wenn
ich nicht irre.   25

RANK Auf Austern, selbstverständlich auch auf
Austern.

NORA Und dazu der Portwein und Champagner. Es
ist traurig, dass all diese leckern Sachen sich auf
die Knochen schlagen.   30

RANK Zumal wenn sie sich auf die unglücklichen
Knochen schlagen, die nicht das Mindeste davon
gehabt haben.

NORA Freilich, das ist das Allertraurigste.

RANK *sieht sie forschend an.* Hm – – –   35

NORA *gleich darauf.* Warum lächelten Sie?

RANK *Sie* lachten ja.

NORA Nein, Doktor, *Sie* lächelten!

RANK *steht auf.* Sie sind doch ein größerer Schelm, als
5 ich gedacht habe.

NORA Ich bin heut so aufgelegt zu Schelmenstrei-
chen.

RANK Scheint so.

NORA *legt beide Hände auf seine Schultern.* Lieber, lie-
10 ber Doktor, Sie *dürfen* Torvald und mir nicht weg-
sterben!

RANK Ach, *den* Kummer würden Sie leicht verwin-
den. Die Heimgegangenen werden schnell vergessen.

15 NORA *sieht ihn ängstlich an.* Glauben Sie das?

RANK Man schließt neue Verbindungen, und dann –

NORA Wer schließt neue Verbindungen?

RANK Das werden Sie beide tun, wenn ich weg bin. Es
scheint mir, Sie sind schon auf dem besten Wege.
20 Was sollte hier gestern Abend diese Frau Linde?

NORA Aha, – Sie sind wohl gar eifersüchtig auf die
arme Christine?

RANK Gewiss bin ich das. Sie wird hier im Hause
meine Nachfolgerin sein. Wenn ich abgetan bin,
25 wird dieses Frauenzimmer vielleicht –

NORA Pst – sprechen Sie nicht so laut. Sie ist da drin.

RANK Heute schon wieder? Sehen Sie wohl!

NORA Nur, um mein Kostüm zu nähen. Herrgott, wie
abgeschmackt Sie sind. *Setzt sich aufs Sofa.* Seien
30 Sie gut, Doktor. Morgen werden Sie auch sehen,
wie hübsch ich tanze. Und dann müssen Sie sich
vorstellen, dass ich es nur Ihnen zuliebe tue, –
natürlich für Torvald auch – versteht sich. *Nimmt
verschiedene Gegenstände aus dem Karton.* Doktor,

kommen Sie, setzen Sie sich her, – ich will Ihnen
was zeigen.

RANK *setzt sich.* Was denn?

NORA Schauen Sie mal her.

RANK Seidene Strümpfe. 5

NORA Fleischfarbene. Sind *die* nicht wunderschön?
Jetzt ist's hier so dunkel. Aber morgen – nein, nein,
nein, Sie dürfen nur das Fußblatt sehen. Na, Sie
können meinetwegen auch den oberen Teil sehen.

RANK Hm – – 10

NORA Weshalb sehen Sie so kritisch drein? Glauben
Sie vielleicht, dass sie nicht passen?

RANK Darüber kann ich unmöglich eine begründete
Ansicht haben.

NORA *sieht ihn einen Augenblick an.* Pfui, schämen Sie 15
sich! *Schlägt ihn mit den Strümpfen leicht ums Ohr.*
So, da haben Sie was dafür! *Packt sie wieder ein.*

RANK Was kriege ich noch für Herrlichkeiten zu
sehen?

NORA Nicht ein bisschen kriegen Sie mehr zu sehen, 20
denn Sie sind unartig. *Sie trällert leise und kramt
zwischen den Sachen.*

RANK *nach kurzer Pause.* Wenn ich hier so in aller Ver-
traulichkeit mit Ihnen sitze, so begreife ich nicht, –
nein, ich fasse es nicht, was aus mir geworden 25
wäre, wenn ich Ihr Haus nie betreten hätte.

NORA *lächelt.* Im Grunde fühlen Sie sich, mein' ich,
auch ganz behaglich bei uns.

RANK *leiser, sieht vor sich hin.* Und das alles nun verlassen zu müssen – 30

NORA Unsinn! Sie bleiben da!

RANK *wie zuvor.* – und nicht einmal ein armseliges
Zeichen des Dankes hinterlassen zu können; kaum
ein flüchtiges Vermissen, – nur einen leeren Platz,
den der erste Beste ausfüllen kann. 35

NORA Und wenn ich Sie nun bäte, um –? Nein –

RANK Um was?

NORA Um einen großen Freundschaftsbeweis –

RANK Ja, ja!

5 NORA Nein, ich meine, – um einen riesig großen Dienst –

RANK Also wollen Sie mich doch wenigstens ein einziges Mal glücklich machen?

NORA Ach, Sie wissen ja noch gar nicht, um was es 10 sich handelt.

RANK Nun gut, so sagen Sie's.

NORA Nein, ich kann nicht, Doktor; es ist so unerhört viel – Rat – und Beistand und ein Dienst –

RANK Je mehr, desto besser. Ich kann mir zwar nicht 15 denken, was Sie meinen. Aber so sprechen Sie doch. Habe ich denn nicht Ihr Vertrauen?

NORA Ja, mehr als irgendein anderer. Sie sind mein treuester und bester Freund, das weiß ich wohl. Deshalb will ich es Ihnen auch sagen. Also hören 20 Sie, Doktor: Sie müssen mir helfen, etwas zu verhindern. Sie wissen, wie warm, wie unbeschreiblich tief Torvald mich liebt; er würde sich nicht einen Augenblick besinnen, sein Leben für mich hinzugeben.

25 RANK *beugt sich zu ihr.* Nora, – glauben Sie denn, er wäre der Einzige, der –?

NORA *zuckt leicht zusammen.* Der –?

RANK – der sein Leben freudig für Sie hingeben würde.

30 NORA *traurig.* Ja so.

RANK Ich hatte mir geschworen, Sie sollten es vor meinem Ende erfahren. Eine bessere Gelegenheit würde sich nie wieder finden. – Ja, Nora, nun wissen Sie es. Und nun wissen Sie also auch, dass Sie 35 mir vertrauen können wie keinem andern.

NORA *steht auf, ruhig und einfach.* Lassen Sie mich
durch.

RANK *macht ihr Platz, bleibt aber sitzen.* Nora –

NORA *in der Tür zum Vorzimmer.* Helene, bringen Sie
die Lampe. *Geht an den Ofen.* Ach, lieber Doktor,   5
das war in der Tat abscheulich von Ihnen.

RANK *steht auf.* Dass ich Sie ebenso innig geliebt habe
wie ein anderer? War *das* abscheulich?

NORA Nein, aber dass Sie es mir *sagen.* Es war ja gar
nicht nötig –   10

RANK Was soll das heißen? Haben Sie denn
gewusst –? *Das Hausmädchen kommt mit der
Lampe, stellt sie auf den Tisch und geht wieder hinaus.* Nora, – Frau Helmer –, ich frage Sie, haben
Sie etwas gewusst?   15

NORA Ach, was weiß ich, ob ich es gewusst oder nicht
gewusst habe? Ich kann es Ihnen wirklich nicht
sagen –. Dass Sie nur so plump sein konnten, Doktor! Es war doch alles so schön!

RANK Na, wenigstens haben Sie nun Gewissheit, dass   20
ich Ihnen mit Leib und Seele ergeben bin. Reden
Sie jetzt.

NORA *sieht ihn an. Jetzt* noch?

RANK Bitte, – darf ich erfahren, um was es sich handelt.   25

NORA Nichts sollen Sie jetzt erfahren.

RANK Doch, doch! So dürfen Sie mich nicht strafen.
Vergönnen Sie es mir, und ich will für Sie tun, was
in menschlicher Macht steht!

NORA Nun können Sie nichts für mich tun. – Übri-   30
gens werde ich wohl keine Hilfe nötig haben. Sie
sollen sehen, es ist alles nur Einbildung. Ganz
gewiss. Natürlich! *Setzt sich in den Schaukelstuhl,
sieht ihn an und lacht.* Sie sind mir wirklich ein

netter Herr, mein lieber Doktor! Nun schämen Sie sich wohl, wo die Lampe da ist?

RANK Nein, eigentlich nicht! Aber ich soll wohl gehen, – für immer?

5 NORA Nein, das *dürfen* Sie denn doch nicht! Sie kommen selbstverständlich nach wie vor zu uns. Sie wissen ja, dass Torvald Sie nicht entbehren kann.

RANK Und Sie?

NORA Ach, – ich finde, es wird immer so riesig unter-
10 haltend hier, wenn Sie kommen.

RANK Das gerade hat mich auf eine falsche Fährte gelockt. Sie sind mir ein Rätsel. Oftmals war es mir, als ob Sie ebenso gern mit mir zusammen wären wie mit Helmer.

15 NORA Ja, sehen Sie, es gibt Menschen, die man über alles liebt, und Menschen, mit denen man am liebsten zusammen ist.

RANK O ja, daran ist etwas.

NORA Als ich noch zu Hause war, liebte ich natürlich
20 Papa über alles. Doch fand ich es immer außerordentlich amüsant, wenn ich mich zu den Dienstboten hinunterstehlen konnte; denn die hofmeisterten mich nie, und dann erzählten sie sich immer so vergnügliche Dinge.

25 RANK Aha, *die* habe ich also abgelöst!

NORA *springt auf und geht zu ihm.* Liebster, bester Doktor, so habe ich das ja doch nicht gemeint. Aber sehen Sie, mit Torvald ist es gerade so wie mit Papa – *Das Hausmädchen kommt aus dem Vorzim-*
30 *mer.*

HAUSMÄDCHEN Gnädige Frau! *Flüstert etwas und reicht ihr eine Karte.*

NORA *wirft einen Blick auf die Karte.* Ah! *Steckt sie in die Tasche.*

35 RANK Etwas Unangenehmes?

hofmeistern:
sich als Erzie-
hungsperson
aufspielen

NORA Nein, nein, durchaus nicht; nur – mein neues
Kostüm –

RANK Wie? Das *liegt* ja da.

NORA Ach ja! das! Aber es handelt sich um ein anderes; ich habe es bestellt, – Torvald darf es nicht 5
wissen –

RANK Aha, das ist also das große Geheimnis!

NORA Ja, gewiss. Gehen Sie nur zu ihm hinein; er
sitzt im mittleren Zimmer, halten Sie ihn so lange
auf – 10

RANK Seien Sie unbesorgt; er soll mir nicht heraus. *Er
geht in Helmers Zimmer.*

NORA *zum Mädchen.* Und er steht in der Küche und
wartet?

HAUSMÄDCHEN Ja, er ist die Hintertreppe heraufge- 15
kommen –

NORA Aber hast du ihm denn nicht gesagt, dass niemand zu Hause ist?

HAUSMÄDCHEN Ja, aber es hat nichts genützt.

NORA Er wollte nicht wieder gehen? 20

HAUSMÄDCHEN Nicht eher, als bis er mit der gnädi-
gen Frau gesprochen hätte.

NORA So lass ihn herein, aber leise. Du darfst niemand etwas davon sagen, Helene; es ist eine Über-
raschung für meinen Mann. 25

HAUSMÄDCHEN Ja, ja, ich verstehe schon – *Ab.*

NORA Das Entsetzliche geschieht. Es kommt trotz
alledem. Nein, nein, nein, es kann nicht geschehen; es darf nicht geschehen! *Geht und schiebt an
Helmers Tür den Riegel vor. Das Mädchen öffnet die* 30
*Vorzimmertür, lässt Krogstad ein und schließt die Tür
wieder hinter ihm. Er trägt Reisepelz, Pelzstiefel und
Pelzmütze.*

NORA *geht auf ihn zu.* Sprechen Sie leise; mein Mann
ist zu Hause. 35

KROGSTAD Na, meinetwegen.

NORA Was wollen Sie von mir?

KROGSTAD Mir einen Bescheid holen.

NORA Also schnell. Was gibt es?

5 KROGSTAD Sie wissen wohl, dass ich meine Kündigung bekommen habe.

NORA Ich konnte es nicht verhindern, Herr Krogstad. Ich habe für Ihre Sache bis zum Äußersten gekämpft. Aber es hat nichts geholfen.

10 KROGSTAD Hat Ihr Mann so wenig Liebe zu Ihnen? Er weiß, welchen Dingen ich Sie aussetzen kann, und doch wagt er –

NORA Wie können Sie glauben, dass er darum weiß?

KROGSTAD Ja freilich, hab's mir schon gedacht. Es

15 sähe meinem guten Torvald Helmer auch nicht ähnlich, so viel Mannesmut zu zeigen –

NORA Herr Krogstad, ich verlange Respekt vor meinem Mann.

KROGSTAD Oh gewiss! Allen schuldigen Respekt. Da

20 Sie die Sache aber so ängstlich geheim halten, gnädige Frau, so darf ich wohl auch annehmen, dass Sie heut etwas besser als gestern über das unterrichtet sind, was Sie eigentlich getan haben?

NORA Besser, als *Sie's* mich jemals lehren könnten!

25 KROGSTAD Freilich, ein so schlechter Jurist wie ich –

NORA Was wollen Sie von mir?

KROGSTAD Nur sehen, wie es Ihnen geht, Frau Helmer. Ich habe den ganzen Tag an Sie gedacht. Ein Geldagent, ein Winkelschreiber, ein – na, kurz und

30 gut, so ein Mensch wie ich hat auch ein Herz sozusagen.

NORA So beweisen Sie es; denken Sie an meine kleinen Kinder.

KROGSTAD Haben Sie und Ihr Mann an meine Kinder gedacht? Doch, das ist ja jetzt gleichgültig! Sie brauchen die Sache nicht zu ernst zu nehmen, – das nur wollt' ich Ihnen sagen. Vorläufig werde ich meinerseits die Geschichte nicht zur Anzeige 5 bringen.

NORA Nein, nicht wahr? Ich wusste es wohl.

KROGSTAD Die ganze Sache lässt sich in aller Güte ordnen; sie braucht gar nicht unter die Leute zu kommen; sie bleibt unter uns dreien. 10

NORA Mein Mann darf nie etwas davon erfahren.

KROGSTAD Wie wollen Sie das verhindern? Können Sie den Rest vielleicht bezahlen?

NORA Nein, im Augenblicke nicht.

KROGSTAD Oder haben Sie ein Mittel, das Geld in 15 den nächsten Tagen zu beschaffen?

NORA Wenigstens keines, von dem ich Gebrauch machen will.

KROGSTAD Es würde Ihnen auch nichts genützt haben. Und wenn Sie hier mit noch so viel Bar- 20 geld in der Hand vor mir ständen, so bekämen Sie Ihren Schuldschein doch nicht zurück.

NORA So erklären Sie, was Sie damit anfangen wollen.

KROGSTAD Ich will ihn nur behalten, – ihn in Händen haben. Kein Unbeteiligter wird etwas davon 25 erfahren. Wenn Sie sich also irgendwie mit einem verzweifelten Entschluss tragen sollten –

NORA Das tue ich.

KROGSTAD – wenn Sie beabsichtigen sollten, Haus und Familie zu verlassen – 30

NORA Das tue ich.

KROGSTAD – oder wenn Sie vielleicht noch etwas Schlimmeres vorhaben sollten –

NORA Woher wissen Sie –?

KROGSTAD – so geben Sie den Gedanken auf.

NORA Woher wissen Sie, dass ich mich mit solchen Gedanken trage?

KROGSTAD Unsereins trägt sich fast immer damit – im
5 Anfang. Auch ich habe mich damit getragen. Aber ach du lieber Gott, ich hatte nicht den Mut –

NORA *tonlos.* Ich auch nicht.

KROGSTAD *erleichtert.* Nicht wahr? Sie haben nicht den Mut dazu, – Sie auch nicht!

10 NORA Ich habe ihn nicht; ich habe ihn nicht.

KROGSTAD Es wäre auch eine große Dummheit. Wenn nur der erste häusliche Sturm vorüber ist –. Ich habe hier in der Tasche einen Brief an Ihren Mann –

15 NORA Worin alles steht?

KROGSTAD Im Ausdruck so schonend wie nur möglich.

NORA *schnell.* Der Brief darf nicht in seine Hände kommen! Zerreißen Sie ihn, ich werde nun doch
20 Geld zu beschaffen suchen.

KROGSTAD Entschuldigen Sie, gnädige Frau, aber ich glaube, ich hätte Ihnen soeben gesagt –

NORA Ach, ich meine nicht das Geld, das ich Ihnen schulde. Sagen Sie mir, welche Summe verlangen
25 Sie von meinem Mann? Ich werde das Geld dann beschaffen.

KROGSTAD Ich verlange kein Geld von Ihrem Mann.

NORA Was verlangen Sie denn?

KROGSTAD Das sollen Sie erfahren. Ich will wieder
30 auf die Beine, gnädige Frau; – ich will empor; und dabei soll Ihr Gatte mir behilflich sein. Seit anderthalb Jahren habe ich mich keiner unehrenhaften Handlung schuldig gemacht. Während dieser Zeit habe ich mit den drückendsten Verhält-
35 nissen gekämpft; ich war zufrieden, mich Schritt

für Schritt wieder hinaufarbeiten zu können. Jetzt
jagt man mich weg, und jetzt begnüge ich mich
nicht damit, dass man mich wieder zu Gnaden
annimmt, ich will empor, – sage ich Ihnen. Ich
will wieder an die Bank, – will eine höhere Stellung   5
haben; Ihr Mann soll einen Posten für mich schaffen –

NORA Das tut er nie und nimmermehr.

KROGSTAD Er tut es; ich kenne ihn. Er wagt nicht
zu mucksen. Und wenn ich erst drin bin, mit ihm   10
zusammen, – dann sollen Sie mal sehen! Noch
ehe ein Jahr um ist, bin ich des Direktors rechte
Hand. Dann wird Nils Krogstad die Aktienbank
leiten und nicht Torvald Helmer.

NORA Das werden Sie nicht erleben!   15

KROGSTAD Wollen Sie vielleicht –?

NORA Jetzt habe ich den Mut dazu.

KROGSTAD Ach, – Sie machen mir nicht Bange. Eine
feine, verwöhnte Dame wie Sie –

NORA Sie sollen sehen; Sie sollen sehen!   20

KROGSTAD Unter das Eis vielleicht? Ins kalte pech-
schwarze Wasser? Um dann im Frühling ans Land
zu treiben, hässlich, unkenntlich, mit ausgefalle-
nem Haar –

NORA Sie machen mir nicht Bange!   25

KROGSTAD Und Sie mir auch nicht. So was tut man
nicht, Frau Helmer. Und überdies, was hätte es
für einen Zweck? Ich habe ihn ja trotzdem in der
Tasche.

NORA Dann auch noch? Wenn ich nicht mehr –?   30

KROGSTAD Vergessen Sie, dass Ihr guter Name auch
nach Ihrem Tode von *mir* abhängt?

NORA *steht sprachlos und sieht ihn an.*

KROGSTAD So, nun wissen Sie, woran Sie sind.
Machen Sie keine Dummheiten. Auf meinen Brief   35

erwarte ich von Helmer Nachricht. Und vergessen
Sie nicht, dass Ihr Mann selbst mich wieder auf
Wege dieser Art gedrängt hat. Das werde ich ihm
niemals vergeben. Leben Sie wohl, gnädige Frau!
5 *Ab durch das Vorzimmer.*

NORA *eilt nach der Vorzimmertür, öffnet sie ein wenig,
horcht.* Er geht. Gibt den Brief nicht ab. Ach nein,
nein, es wäre ja auch unmöglich. *Öffnet die Tür
weiter und weiter.* Was ist das? Er bleibt draußen
10 stehen. Geht nicht die Treppe hinunter. Besinnt
er sich? Sollte er –? *Es fällt ein Brief in den Briefkasten; darauf hört man Krogstads Schritte, die sich
die Treppe hinunter verlieren. Mit einem unterdrückten Aufschrei läuft Nora durchs Zimmer bis an den
15 Sofatisch; kurze Pause.* Im Briefkasten. *Schleicht sich
scheu an die Vorzimmertür.* Da liegt er. – Torvald,
Torvald, – jetzt sind wir rettungslos verloren!

FRAU LINDE *kommt mit dem Kostüm aus dem Zimmer links.* So, – weiter wüsste ich nichts daran zu
20 ändern. Wollen wir es einmal anprobieren –?

NORA *heiser und leise.* Christine, komm her.

FRAU LINDE *wirft den Anzug aufs Sofa.* Was fehlt dir?
Du siehst ja ganz verstört aus.

NORA Komm her. Siehst du den Brief? *Da,* – schau
25 hin durch die Briefkastenscheibe.

FRAU LINDE Ja, ja, ich sehe ihn.

NORA Der Brief ist von Krogstad –

FRAU LINDE Nora, – Krogstad hat dir das Geld
geborgt!

30 NORA Ja; und nun wird Torvald alles erfahren.

FRAU LINDE Ach glaub mir, Nora, das ist das Beste
für euch beide.

NORA Du weißt noch nicht alles. Ich habe eine Unterschrift gefälscht.

35 FRAU LINDE Gerechter Gott –

NORA Eins will ich dir nur sagen, Christine: Du musst mein Zeuge sein.

FRAU LINDE Wieso Zeuge? Was soll ich –?

NORA Wenn ich den Verstand verlieren sollte – und das könnte ja leicht geschehen –   5

FRAU LINDE Nora!

NORA Oder wenn mir etwas anderes zustoßen sollte – derart, dass ich nicht hier zur Stelle sein könnte, wenn –

FRAU LINDE Nora, Nora, du bist ja rein wie von Sin-   10
nen!

NORA Wenn dann einer alles auf sich nehmen will – die ganze Schuld, – du verstehst –

FRAU LINDE Ja, ja. Aber wie kannst du nur denken –?

NORA Dann sollst du bezeugen, dass es nicht wahr   15
ist, Christine. Ich bin gar nicht von Sinnen; ich habe noch meinen vollen Verstand und ich sage dir: Kein anderer hat darum gewusst; ich allein habe *alles* getan. Vergiss das nicht.

FRAU LINDE Gewiss nicht. Aber ich verstehe das alles   20
nicht.

NORA Wie solltest du's auch verstehen können! Jetzt wird ja das *Wunderbare* geschehen!

FRAU LINDE Das Wunderbare?

NORA Ja, das Wunderbare. Aber es ist so fürchterlich,   25
Christine, – es darf nicht geschehen – um keinen Preis der Welt.

FRAU LINDE Ich werde gleich zu Krogstad gehen und mit ihm reden.

NORA Geh nicht zu ihm! Er wird dir ein Leids antun!   30

FRAU LINDE Es gab einst eine Zeit, da er mir zuliebe gern alles getan hätte, was es auch sei.

NORA Er?

FRAU LINDE Wo wohnt er?

NORA Ach, was weiß ich –? Doch, – *greift in die Tasche* – hier ist seine Karte. Aber der Brief, der Brief –!

HELMER *in seinem Zimmer, klopft an die Tür.* Nora!

5 NORA *schreit voll Angst auf.* Was gibt's? Was willst du von mir?

HELMER Na, na, – erschrick nur nicht. Wir können ja nicht hinein. Du hast die Tür verriegelt. Du probierst wohl an?

10 NORA Ja, ja; ich probiere an. Hübsch werde ich aussehen, Torvald.

FRAU LINDE *hat die Karte gelesen.* Er wohnt gleich um die Ecke.

NORA Ja – aber es nützt doch nichts. Wir sind ret-
15 tungslos verloren. Der Brief liegt ja im Kasten.

FRAU LINDE Und dein Mann hat den Schlüssel?

NORA Ja, immer.

FRAU LINDE Krogstad muss seinen Brief ungelesen zurückverlangen; er muss einen Vorwand finden –

20 NORA Aber gerade um diese Zeit pflegt Torvald –

FRAU LINDE Halt ihn hin. Geh so lange zu ihm hinein. Ich bin gleich wieder da. *Geht schnell durch das Vorzimmer ab.*

NORA *geht an Helmers Tür und öffnet sie.* Torvald!

25 HELMER *im Hinterzimmer.* Na, darf man endlich wieder in sein eigenes Zimmer? Komm, Rank, jetzt wollen wir einmal sehen – *In der Tür.* Aber was ist das?

NORA Was, liebster Torvald?

30 HELMER Rank hat mich auf eine großartige Maskenszene vorbereitet.

RANK *in der Tür.* Ich habe es so verstanden, kann mich aber auch geirrt haben.

NORA Erst morgen darf man mich in meiner Pracht bewundern.

HELMER Aber, liebe Nora, wie angegriffen siehst du aus! Hast du zu viel geübt?

NORA Nein, ich habe noch gar nicht geübt.   5

HELMER Das wird aber doch nötig sein –

NORA Ja, das wird durchaus nötig sein, Torvald. Aber ohne deine Hilfe kann ich nichts machen, – ich habe so gut wie alles vergessen.

HELMER Ach, das werden wir rasch wieder auffri-   10
schen.

NORA Ja, Torvald, du musst dich meiner annehmen. Willst du mir das versprechen? Ach, ich habe solche Angst. Die große Gesellschaft –. Heut Abend musst du dich ganz mir widmen. Nichts von   15
Geschäften, – aber auch gar nichts. Keinen Federstrich! Wie? Nicht wahr, lieber Torvald?

HELMER Das verspreche ich dir. Heut Abend stehe ich ausschließlich zu deiner Verfügung – du kleine, hilflose Person, du! Aber halt! Ich will doch erst –   20
Geht an die Vorzimmertür.

NORA Was willst du draußen sehen?

HELMER Ich will nur sehen, ob Briefe da sind.

NORA Nein, nein, tu's nicht, Torvald!

HELMER Was heißt das?   25

NORA Torvald, ich bitte dich; – es sind keine da.

HELMER Lass mich doch sehen. *Will hinaus.*

NORA *am Klavier, greift die ersten Takte der Tarantella.*

HELMER *an der Tür, bleibt stehen.* Aha!

NORA Soll ich morgen tanzen, so muss ich vorher mit   30
dir üben.

HELMER *geht zu ihr.* Hast du wirklich solche Angst, liebe Nora?

NORA Ja, eine grenzenlose Angst. Jetzt gleich lass uns üben. Vor Tisch ist noch Zeit. Setz dich ans Klavier und spiele, lieber Torvald, verbessere mich; dirigier mich, wie gewöhnlich.

5 HELMER Gern, sehr gern, wenn du es wünschst. *Setzt sich ans Klavier.*

NORA *nimmt das Tamburin aus dem Karton, ebenso einen langen, bunten Schal, mit dem sie sich hastig drapiert; darauf kommt sie mit einem Sprung in den* 10 *Vordergrund und ruft:* Spiel mir vor! Jetzt will ich tanzen. *Helmer spielt und Nora tanzt. Rank steht hinter Helmer am Klavier und sieht zu.*

HELMER *spielt.* Langsamer, – langsamer.

NORA Ich kann nicht anders.

15 HELMER Nicht so ungestüm, Nora.

NORA So ist es gerade recht.

HELMER *hört auf zu spielen.* Nein, nein, so geht es durchaus nicht.

NORA *lacht und schwingt das Tamburin.* Habe ich es 20 dir nicht gesagt?

RANK Lass mich ihr zum Tanz aufspielen.

HELMER *steht auf.* Ja, tue das – dann kann ich sie bequemer dirigieren.

RANK *setzt sich ans Klavier und spielt. Nora tanzt mit* 25 *wachsender Erregtheit. Helmer hat sich an den Ofen gestellt und richtet während des Tanzes fortwährend verbessernde Bemerkungen an sie. Sie scheint es nicht zu hören, ihr Haar löst sich und fällt auf die Schultern herab; sie kehrt sich nicht daran, sondern fährt fort* 30 *zu tanzen. Frau Linde tritt ein.*

FRAU LINDE *steht wie versteinert an der Tür.* Ah –!

NORA *während des Tanzens.* Hier geht's lustig zu, Christine.

HELMER Aber liebste, beste Nora, du tanzest ja, als 35 ginge es dir ans Leben.

NORA Das tut es ja auch.

HELMER Rank, hör auf; das ist ja der reine Wahnsinn. Hör auf, sag ich dir! *Rank hört auf zu spielen und Nora hält plötzlich inne. Helmer geht zu ihr.* Das hätte ich doch nie für möglich gehalten; du hast ja alles vergessen, was ich dir beigebracht habe.

NORA *wirft das Tamburin von sich.* Da siehst du selbst.

HELMER Na, hier ist wirklich noch Unterricht nötig.

NORA Nun siehst du, wie notwendig es ist. Du musst noch bis zum letzten Augenblick mit mir üben. Versprichst du mir das, Torvald?

HELMER Verlass dich drauf.

NORA Du darfst heute und morgen für nichts anderes Gedanken haben als für mich; du darfst keinen Brief öffnen –, nicht den Briefkasten aufmachen –

HELMER Aha, das ist noch immer die Angst vor diesem Menschen –.

NORA O ja, ja, – das auch!

HELMER Nora, ich sehe es dir an, es liegt schon ein Brief von ihm drin.

NORA Ich weiß nicht; ich glaube, du darfst so etwas aber jetzt nicht lesen. Es darf nichts Hässliches zwischen uns treten, ehe alles vorüber ist.

RANK *leise zu Helmer.* Widersprich ihr nicht.

HELMER *legt den Arm um sie.* Das Kind soll seinen Willen haben. Aber morgen Abend, wenn du getanzt hast –

NORA Dann bist du frei.

HAUSMÄDCHEN *an der Tür rechts.* Gnädige Frau, es ist angerichtet.

NORA Bring Champagner, Helene.

HAUSMÄDCHEN Schön, gnädige Frau. *Ab.*

HELMER Ei, ei – also ein großes Gelage?

NORA Champagnergelage bis in den hellen Morgen. *Ruft hinaus.* Und auch Makronen, Helene, viele – nur dies eine Mal.

HELMER *fasst ihre Hände.* So – so – so, – nicht dieses
5   ängstliche Ungestüm! Sei nun wieder meine liebe, kleine Lerche wie sonst.

NORA Ach ja, das will ich auch. Aber geh nur hinein; Sie auch, Doktor. Christine, du musst mir das Haar wieder aufstecken.

10   RANK, *indem er und Helmer abgehen.* Da ist wohl etwas – etwas unterwegs?

HELMER Kein Gedanke, lieber Freund, es ist nur diese kindische Furcht, von der ich dir erzählt habe.
Beide rechts ab.

15   NORA Nun!?

FRAU LINDE Verreist – über Land.

NORA Ich habe es dir angesehen.

FRAU LINDE Er kommt morgen Abend zurück. Ich habe ihm einige Zeilen hinterlassen.

20   NORA Das hättest du nicht tun sollen. Du sollst nichts verhindern. Im Grunde ist es doch eine Seligkeit, auf das Wunderbare zu warten.

FRAU LINDE Worauf wartest du?

NORA Ach, das kannst du nicht verstehen. Geh
25   hinein zu ihnen; ich komme gleich nach. *Frau Linde geht ins Speisezimmer. Nora steht einen Augenblick, wie um sich zu sammeln, dann sieht sie auf ihre Uhr.* Fünf Uhr. Sieben Stunden bis nächste Mitternacht. Dann ist die Tarantella aus. Vierund-
30   zwanzig und sieben? Noch einunddreißig Stunden zu leben.

HELMER *rechts in der Tür.* Aber wo bleibt denn meine kleine Lerche?

NORA *fliegt ihm mit offenen Armen entgegen.* Da ist die
  Lerche.

Dritter Akt

Dasselbe Zimmer. Der Sofatisch mit den Stühlen herum ist mitten ins Zimmer gerückt. Auf dem Tisch brennt eine Lampe. Die Tür zum Vorzimmer steht offen. Aus der oberen Etage ertönt Musik.

5 FRAU LINDE *sitzt am Tisch und blättert zerstreut in einem Buche; sie versucht zu lesen, scheint ihre Gedanken jedoch nicht sammeln zu können; ein paarmal horcht sie gespannt in der Richtung der Treppentür. Sie sieht auf ihre Uhr.* Noch nicht. Und
10 es ist doch die höchste Zeit. Wenn er nur nicht – *Horcht wieder.* Ah! da ist er. *Sie geht ins Vorzimmer und öffnet vorsichtig die äußere Tür; man hört leise Schritte auf der Treppe; sie flüstert:* Herein. Es ist niemand da.

15 KROGSTAD *in der Tür.* Ich habe in meiner Wohnung einen Zettel von Ihnen gefunden. Was soll das bedeuten?

FRAU LINDE Ich habe dringend mit Ihnen zu sprechen.

20 KROGSTAD So? Und das muss gerade hier im Hause geschehen?

FRAU LINDE Bei mir zu Hause war es unmöglich. Mein Zimmer hat keinen besonderen Eingang. Treten Sie näher; wir sind ganz allein; das Mädchen
25 schläft und Helmers sind oben auf einem Ball.

KROGSTAD *tritt in das Zimmer.* Ei sieh mal an! Helmers tanzen heut Abend? Wirklich?

FRAU LINDE Ja, warum denn nicht?

KROGSTAD Na ja, – warum auch nicht.

30 FRAU LINDE Krogstad, – reden wir miteinander.

KROGSTAD Wir zwei hätten noch was miteinander zu reden?

FRAU LINDE Wir haben viel miteinander zu reden.

KROGSTAD Das hätte ich nicht geglaubt.

FRAU LINDE Weil Sie mich nie so recht verstanden haben.

KROGSTAD Was war denn da weiter zu verstehen? War's nicht die alte Geschichte? Ein herzloses Weib gibt einem Manne den Laufpass, wenn sich ihr etwas Vorteilhafteres bietet.

FRAU LINDE Halten Sie mich für so ganz herzlos? Und glauben Sie, ich hätte leichten Herzens mit Ihnen gebrochen?

KROGSTAD Nicht?

FRAU LINDE Krogstad, haben Sie das wirklich geglaubt?

KROGSTAD Wenn es nicht der Fall war, warum haben Sie denn damals in dieser Weise an mich geschrieben?

FRAU LINDE Ich konnte ja nicht anders. In dem Augenblick, als ich mit Ihnen brach, war es auch meine Pflicht, in Ihnen alles zu ersticken, was Sie für mich fühlten.

KROGSTAD *ballt die Hände.* Darum also! Und nur – nur des Geldes wegen.

FRAU LINDE Sie dürfen nicht vergessen, ich hatte eine hilflose Mutter und zwei kleine Brüder. Wir konnten nicht auf Sie warten, Krogstad; um Ihre Aussichten war es damals doch schwach bestellt.

KROGSTAD Mag sein; aber Sie hatten kein Recht, mich aufzugeben, irgendeinem anderen Menschen zuliebe.

FRAU LINDE Ja, ich weiß nicht. Oft habe ich mich selbst gefragt, ob ich ein Recht dazu hatte.

KROGSTAD *leise.* Als ich Sie verlor, da war mir's, als wanke der feste Boden unter meinen Füßen. Sehen

Sie mich an, jetzt bin ich ein Schiffbrüchiger auf einem Wrack.

FRAU LINDE Die Hilfe ist vielleicht nah.

KROGSTAD Sie war nah. Aber da kamen Sie und stellten sich in den Weg.

FRAU LINDE Ohne es zu wissen, Krogstad. Erst heute habe ich es erfahren, dass ich Sie bei der Bank ersetzen sollte.

KROGSTAD Ich glaube Ihnen, wenn Sie es sagen. Aber nun, da Sie es wissen, – da treten Sie doch zurück?

FRAU LINDE Nein. Sie würden nicht den geringsten Nutzen davon haben.

KROGSTAD Bah! Nutzen, Nutzen –; ich würde es trotzdem tun.

FRAU LINDE Ich habe gelernt, vernünftig zu handeln. Das Leben und die harte, bittere Not haben es mich gelehrt.

KROGSTAD Und mich hat das Leben gelehrt, nicht an Redensarten zu glauben.

FRAU LINDE Dann hat es Sie etwas sehr Vernünftiges gelehrt. Aber an Taten glauben Sie doch?

KROGSTAD Wie meinen Sie das?

FRAU LINDE Sie haben gesagt, Sie ständen da wie ein Schiffbrüchiger auf einem Wrack.

KROGSTAD Ich hatte wohl guten Grund, dies zu sagen.

FRAU LINDE Auch ich sitze da, wie eine Schiffbrüchige auf einem Wrack. Habe keinen, *um* den und *für* den ich sorgen könnte.

KROGSTAD Es war Ihre eigene Wahl.

FRAU LINDE Eine andere hatte ich damals nicht.

KROGSTAD Nun, und weiter?

FRAU LINDE Krogstad, wenn wir beiden schiffbrüchigen Leute nun zueinander kommen könnten.

KROGSTAD Was sagen Sie da?

FRAU LINDE Zwei auf *einem* Wrack sind doch besser dran als jeder auf dem seinen allein.

KROGSTAD Christine!

FRAU LINDE Was, glauben Sie wohl, hat mich in die Stadt geführt?

KROGSTAD Doch wohl nicht der Gedanke an mich?

FRAU LINDE Ich muss arbeiten, wenn ich das Dasein ertragen soll. Mein ganzes Leben hindurch, so weit ich zurückdenken kann, habe ich gearbeitet, und das war meine schönste, meine einzige Freude. Aber jetzt stehe ich ganz allein in der Welt, mit erschrecklich leerer Seele und verlassen. Nur für sich selbst arbeiten zu müssen, das ist keine Freude. Krogstad, schaffen Sie mir wen, schaffen Sie mir was, wofür ich arbeiten kann.

KROGSTAD Daran glaube ich nicht. Es ist der Heroismus eines überspannten Weibes, das sich selbst opfern will – nichts weiter!

FRAU LINDE Haben Sie jemals beobachtet, dass ich überspannt war?

KROGSTAD Sie könnten das wirklich? Sagen Sie mir, – kennen Sie auch meine Vergangenheit ganz?

FRAU LINDE Ja.

KROGSTAD Und Sie wissen, wofür ich hier gelte?

FRAU LINDE Aus Ihren Worten vorhin klang etwas wie die Überzeugung heraus, dass Sie mit mir ein anderer hätten werden können.

KROGSTAD Ganz ohne Zweifel.

FRAU LINDE Sollte das nicht jetzt noch geschehen können?

KROGSTAD Christine, sprechen Sie mit voller Überlegung?! Ja, Sie tun es. Ich sehe es Ihnen an. Sie haben also wirklich den Mut –?

FRAU LINDE Ich brauche jemand, dem ich Mutter sein kann; und Ihre Kinder brauchen eine Mutter. Wir beide brauchen einander. Krogstad, ich glaube an den guten Kern in Ihnen; – zusammen mit Ihnen wage ich alles.

KROGSTAD *ergreift Ihre Hände.* Dank, Dank, Christine! – Jetzt werde ich mich schon in den Augen der andern wieder zu rehabilitieren wissen! – Oh, aber ich vergaß –

FRAU LINDE *horcht.* Horch! Die Tarantella! Gehen Sie! Gehen Sie!

KROGSTAD Weshalb? Was ist denn?

FRAU LINDE Hören Sie den Tanz da oben? Wenn der vorüber ist, können wir sie erwarten.

KROGSTAD Jawohl! Ich gehe. Es ist ja alles vergebens. Sie wissen natürlich nicht, was für einen Schritt ich gegen Helmers unternommen habe.

FRAU LINDE Ja, Krogstad, ich weiß.

KROGSTAD Und trotzdem haben Sie den Mut –?

FRAU LINDE Ich verstehe wohl, wozu die Verzweiflung einen Mann wie Sie treiben kann.

KROGSTAD Ach, wenn ich das doch ungeschehen machen könnte!

FRAU LINDE Das können Sie schon; denn Ihr Brief liegt noch im Kasten.

KROGSTAD Wissen Sie das bestimmt?

FRAU LINDE Ganz bestimmt; aber –

KROGSTAD *blickt sie forschend an.* Sollte es so zu verstehen sein? Sie wollen Ihre Freundin um jeden Preis retten. Sagen Sie es geradeheraus. Ist es so?

FRAU LINDE Krogstad, wer sich um anderer willen *einmal* verkauft hat, der tut es nicht zum zweiten Male.

KROGSTAD Ich werde meinen Brief zurückverlangen.

FRAU LINDE Nein, nein.

KROGSTAD Ja natürlich; ich warte hier, bis Helmer
herunterkommt; ich sage ihm, dass er mir meinen
Brief zurückgeben müsse, – dass dieser Brief nur
von meiner Entlassung handle, – dass er ihn nicht   5
lesen solle –

FRAU LINDE Nein, Krogstad, Sie sollen den Brief
nicht zurückverlangen.

KROGSTAD Aber sagen Sie mir: Sie haben mich doch
nur deswegen herbestellt?   .   10

FRAU LINDE Ja, im ersten Schreck; aber dazwischen
liegen jetzt vierundzwanzig Stunden, und seit-
dem bin ich hier im Hause Zeuge unglaublicher
Dinge gewesen. Helmer muss alles erfahren; dieses unglückselige Geheimnis muss an den Tag, es   15
muss zwischen den beiden zu einer offenen Aus-
sprache kommen; es kann unmöglich so fortgehen
mit den Vertuschungen und Ausflüchten!

KROGSTAD Nun wohl; – wenn Sie es denn wagen –.
Aber *eins* kann ich auf jeden Fall tun, und das soll   20
sofort geschehen –

FRAU LINDE *lauscht.* Eilen Sie! Gehen Sie! Gehen Sie!
Der Tanz ist aus; wir sind keinen Augenblick mehr
sicher.

KROGSTAD Ich warte unten auf Sie.   25

FRAU LINDE Ja, tun Sie das; Sie dürfen mich bis an
die Haustür begleiten.

KROGSTAD So unsagbar glücklich bin ich nie gewesen. *Er geht durch die Treppentür ab; die Tür zwischen den Zimmern und dem Vorzimmer bleibt offen.*   30

FRAU LINDE *räumt ein wenig auf und legt ihren Mantel
und Hut zurecht.* Welch eine Wendung! Ja, welch
eine Wendung! Menschen, für die ich arbeiten, –
für die ich leben kann; ein Heim, in das ich Glück
und Behagen bringen darf. Da heißt es allerdings   35

fest anpacken –. Wenn Sie nur bald kämen – *horcht.* Aha, da sind sie schon. Wo sind meine Sachen! *Nimmt Hut und Mantel.*

Draußen hört man Helmers und Noras Stimmen, ein
5 *Schlüssel wird im Schloss umgedreht und Helmer führt Nora fast mit Gewalt ins Vorzimmer. Sie hat das italienische Kostüm an mit einem großen, schwarzen Schal darüber; Helmer ist in Gesellschaftsanzug und trägt einen offenen schwarzen Domino darüber.*

Domino: schwarzer Mantel mit weiten Ärmeln und Kapuze, oft beim Karneval in Venedig verwendet

10 NORA *noch in der Tür, widerstrebend.* Nein, nein, nein; nicht nach Haus! Ich will wieder hinauf. Ich mag noch nicht so früh weg.

HELMER Aber liebste Nora –

NORA Ach, ich bitte dich flehentlich, Torvald; ich
15 bitte dich von ganzem Herzen, – nur eine Stunde noch.

HELMER Nicht *eine* Minute länger, meine süße Nora. Du weißt, so war es verabredet! So –! Hinein ins Zimmer; du erkältest dich hier nur. *Trotz ihres*
20 *Widerstandes führt er sie sanft ins Zimmer.*

FRAU LINDE Guten Abend.

NORA Christine!

HELMER Wie, Frau Linde, Sie noch so spät hier?

FRAU LINDE Ja, verzeihen Sie, ich wollte Nora so gern
25 in ihrem Staat sehen.

NORA Hast du die ganze Zeit auf mich gewartet?

FRAU LINDE Ja. Ich bin leider zu spät gekommen. Du warst schon oben, und da wollte ich nicht wieder weggehen, bevor ich dich gesehen hätte.

30 HELMER *nimmt Nora den Schal ab.* Ja, schauen Sie sie nur ordentlich an. Ich sollte meinen, sie ist das Ansehen wert. Ist sie nicht reizend, Frau Linde?

FRAU LINDE Ja, das muss ich sagen –

HELMER Ist sie nicht ungewöhnlich reizend? Darüber
35 gab es auch in der Gesellschaft nur eine Stimme.

Aber entsetzlich eigensinnig ist sie, – das süße,
kleine Ding. Was soll man machen? Wollen Sie
wohl glauben: Ich musste beinahe Gewalt anwen-
den, um sie wegzubringen.

NORA Torvald, du wirst es noch bereuen, dass du mir   5
nicht wenigstens noch eine halbe Stunde gegönnt
hast.

HELMER Da hören Sie's, Frau Linde. Sie tanzt ihre
Tarantella – hat stürmischen Erfolg, – der auch
verdient war –, obgleich der Vortrag vielleicht   10
etwas zu naturalistisch war, ich meine – ein wenig
naturalistischer, als es sich streng genommen mit
den Forderungen der Kunst verträgt. Immerhin,
die Hauptsache ist, – sie hat Erfolg, stürmischen
Erfolg. Und danach hätte ich sie noch oben las-   15
sen sollen? Die Wirkung abschwächen sollen? I
bewahre! Ich nahm mein reizendes kleines Mädchen von Capri – mein kapriziöses kleines Mädchen von Capri sollte ich eigentlich sagen – unter
den Arm; eine schnelle Runde durch den Saal,   20
eine Verbeugung nach allen Seiten, und – wie es in
der Romansprache heißt – das schöne Bild ist ver-
schwunden. Ein Abgang muss immer wirkungsvoll
sein, Frau Linde. Aber es ist mir nicht möglich,
Nora *das* begreiflich zu machen. Puh, wie warm es   25
hier ist! *Wirft den Domino auf einen Stuhl und öffnet
die Tür zu seinem Zimmer.* Was? Da ist es ja dunkel!
Ach ja, natürlich. Verzeihung – *Er geht hinein und
zündet einige Kerzen an.*

NORA *flüstert schnell und atemlos:* Nun?!   30

FRAU LINDE *leise.* Ich habe ihn gesprochen.

NORA Und –?

FRAU LINDE Nora, – du musst deinem Mann alles
sagen!

NORA *tonlos.* Ich wusste es.   35

FRAU LINDE Von Krogstads Seite hast du nichts zu fürchten; aber sprechen *musst* du.

NORA Ich spreche nicht.

FRAU LINDE Dann spricht der Brief.

5 NORA Ich danke dir, Christine; jetzt weiß ich, was ich zu tun habe. Pst –! *Helmer tritt wieder ein.*

HELMER Na, Frau Linde, haben Sie sie bewundert?

FRAU LINDE Ja, und nun will ich Gut Nacht sagen.

HELMER Ach was, schon? – Gehört Ihnen das Strick-
10 zeug da?

FRAU LINDE *nimmt es.* Ja, danke schön. Beinahe hätte ich es vergessen.

HELMER Also, Sie stricken?

FRAU LINDE Ja freilich.

15 HELMER Wissen Sie was, Sie sollten lieber sticken.

FRAU LINDE So? Und weshalb?

HELMER Weil es viel hübscher aussieht. Sehen Sie nur: Man hält die Stickerei mit der linken Hand, – so –, und mit der rechten führt man die Nadel –
20 so – in leichtem, lang gestrecktem Bogen; nicht wahr –?

FRAU LINDE Ja, das mag schon sein –

HELMER Das Stricken hingegen, – das kann nur unschön sein. Sehen Sie her: Die zusammenge-
25 klemmten Arme, – die Stricknadeln, die auf und ab fahren, – das hat so was Chinesisches an sich. – Es war wirklich ein glänzender Champagner, den man uns vorgesetzt hat.

FRAU LINDE Gute Nacht, Nora – und sei nicht mehr
30 eigensinnig.

HELMER Gut gesagt, Frau Linde

FRAU LINDE Gute Nacht, Herr Direktor! *Helmer begleitet sie zur Tür.*

HELMER Gute Nacht, gute Nacht; ich will nur hoffen, dass Sie gut nach Hause kommen. Ich würde sehr gern –; aber Sie haben ja nicht weit zu gehen. Gute Nacht, gute Nacht. *Frau Linde geht; er schließt die Tür hinter sich ab und kommt zurück.* Na endlich ₅ sind wir sie los. Eine schrecklich langweilige Person –!

NORA Bist du nicht sehr müde, Torvald?

HELMER Nein, nicht im Geringsten.

NORA Auch nicht schläfrig? ₁₀

HELMER Durchaus nicht; im Gegenteil, ich fühle mich außerordentlich frisch. Aber du? Du siehst allerdings müde und schläfrig aus.

NORA Ja, ich bin sehr müde. Ich werde bald schlafen gehen. ₁₅

HELMER Siehst du, siehst du! Es war also doch richtig von mir, dass wir nicht länger geblieben sind.

NORA Ach, alles was du tust, ist richtig.

HELMER *küsst sie auf die Stirn.* Jetzt spricht meine Lerche wie ein vernünftiger Mensch. Sag mal: Hast du ₂₀ bemerkt, wie lustig Rank heut Abend war?

NORA So? War er das? Ich habe gar nicht mit ihm gesprochen.

HELMER Ich auch fast gar nicht; aber ich habe ihn schon lange nicht in so guter Laune gesehen. *Sieht* ₂₅ *sie einen Augenblick an; darauf tritt er näher zu ihr.* Hm, – es ist doch herrlich, wieder in seinen eigenen vier Wänden zu sein, – ganz allein mit dir. – Oh du entzückendes, reizendes Weibchen!

NORA Sieh mich nicht so an, Torvald! ₃₀

HELMER Mein teuerstes Gut soll ich nicht ansehen? All die Herrlichkeit nicht ansehen, die mir gehört, mir allein, mir ganz und ausschließlich.

NORA *geht an die andere Seite des Tisches.* Du sollst nicht so zu mir sprechen heut Abend. ₃₅

HELMER *folgt ihr.* Dir liegt noch die Tarantella im Blut, merke ich. Und das macht dich nur noch verführerischer. Horch! Nun brechen die Gäste auf. *Leiser.* Nora, – bald ist es still im ganzen Hause.

5 **NORA** Ja, das hoffe ich.

HELMER Nicht wahr, meine einzig geliebte Nora? Ach, weißt du, – wenn ich so mit dir in Gesellschaft bin, – weißt du, weshalb ich dann so wenig mit dir spreche, dir fern bleibe, dir nur dann und
10 wann einen verstohlenen Blick zuwerfe? – Weißt du, warum ich das tue? Weil ich mir dann einbilde, du wärst meine heimliche Geliebte, meine heimliche junge Braut, und es ahne niemand, dass zwischen uns beiden ein Geheimnis ist.

15 **NORA** Ja, ja, ja; ich weiß, dass alle deine Gedanken bei mir sind.

HELMER Und wenn wir dann fortwollen und ich den Schal um deine zarten, jugendlichen Schultern lege, – um diesen wunderbaren Nacken, – dann
20 stelle ich mir vor, dass du meine junge Braut bist, dass wir gerade aus der Kirche kommen, dass ich dich zum ersten Male in meine Wohnung führe, dass ich zum ersten Mal mit dir allein bin – ganz allein mit dir, du junge, erbebende Schönheit! Die-
25 sen ganzen Abend über warst nur du meine Sehnsucht. Als ich dich in der Tarantella so verführerisch tollen sah, – da kochte mein Blut; ich hielt es nicht länger aus, – und deshalb führte ich dich so früh nach Hause –

30 **NORA** Geh jetzt, Torvald. Du sollst mich in Ruhe lassen. Ich will das alles nicht.

HELMER Was soll das heißen? Du hast mich wohl zum Besten, Norachen? Du willst nicht, willst nicht? Bin ich nicht dein Mann –?

35 *Es klopft an der Treppentür.*

NORA *fährt zusammen.* Hörst du –?

HELMER *nach dem Vorzimmer gehend.* Wer ist da?

DOKTOR RANK *draußen.* Ich bin's. Darf ich einen Augenblick eintreten?

HELMER *leise, verdrießlich.* Was will denn der jetzt? *Laut.* Wart einen Augenblick. *Geht hin und schließt* 5 *auf.* Na, das ist ja hübsch von dir, dass du nicht an unserer Tür vorübergehst.

RANK Mir war, als hörte ich deine Stimme, und da wollte ich gern noch einen Blick herein tun. *Lässt das Auge flüchtig umherschweifen.* Ach ja, diese lie- 10 ben, trauten Räume. Ihr habt es nett und behaglich, ihr beide.

HELMER Du hast dich oben offenbar auch recht behaglich gefühlt.

RANK Außerordentlich. Warum auch nicht? Weshalb 15 soll man in dieser Welt nicht alles mitnehmen? Wenigstens, so viel man kann und solange man es kann. Der Wein war vortrefflich –

HELMER Besonders der Champagner.

RANK Hast du das auch gefunden? Unglaublich, wie 20 viel ich hinunterspülen konnte!

NORA Torvald hat heut Abend auch viel Champagner getrunken.

RANK So?

NORA Ja, und danach ist er immer so gut aufgelegt. 25

RANK Weshalb soll man sich denn nicht auch einen vergnügten Abend machen nach einem gut angewendeten Tage?

HELMER Gut angewendeter Tag! Dessen darf ich mich leider nicht rühmen. 30

RANK *schlägt ihn auf die Schulter.* Aber siehst du, *ich* darf es.

NORA Sie haben heut gewiss eine wissenschaftliche Untersuchung vorgenommen, Doktor?

RANK Allerdings. 35

HELMER Ei, ei, unsere kleine Nora redet von wissenschaftlichen Untersuchungen!

NORA Und darf man Ihnen Glück wünschen zu dem Ergebnis?

5 RANK Das dürfen Sie getrost.

NORA Das Ergebnis war also gut?

RANK Das denkbar beste für den Arzt wie für den Patienten, – Gewissheit.

NORA *schnell und forschend.* Gewissheit?

10 RANK Volle Gewissheit. Konnte ich mir daraufhin nicht einen vergnügten Abend machen?

NORA Ja, daran haben Sie recht getan, Doktor.

HELMER Das sage ich auch; wenn du nur nicht morgen dafür büßen musst.

15 RANK Na, für umsonst ist ja nichts auf der Welt.

NORA Doktor, – Maskeraden machen Ihnen wohl großes Vergnügen?

RANK Ja, wenn recht viel komische Masken da sind –

NORA Hören Sie, als was wollen wir beide gehen auf
20 der nächsten Maskerade?

HELMER Du kleiner Leichtsinn, – denkst du jetzt schon an die nächste?

RANK Wir beide? Das will ich Ihnen sagen: Sie kommen als Glückskind –

25 HELMER Ja, aber mach ein Kostüm ausfindig, das dafür bezeichnend ist.

RANK Lass deine Frau nur kommen, wie sie geht und steht in der Welt –

HELMER Das war wirklich treffend gesagt. Aber weißt
30 du schon, was du selber vorstellen wirst?

RANK Mein lieber Freund, darüber bin ich mit mir vollkommen im Reinen.

HELMER Nun?

RANK Auf der nächsten Maskerade werde ich unsicht-
bar sein.

HELMER Das ist mir ein ulkiger Einfall.

RANK Es gibt eine große schwarze Kappe –; hast du
noch nie von der Tarnkappe gehört? Die setzt man   5
sich auf und dann wird man von keinem gesehen.

HELMER *mit unterdrücktem Lächeln.* Jawohl, – sehr
richtig!

RANK Aber ich vergesse ganz, weshalb ich gekommen
bin. Helmer, gib mir eine Zigarre, eine von deinen   10
dunklen Havannas.

HELMER Mit dem größten Vergnügen. *Reicht ihm sein
Zigarrenetui hin.*

RANK *nimmt eine und schneidet die Spitze ab.* Danke!

NORA *streicht ein Wachszündhölzchen an.* Ich will   15
Ihnen Feuer geben.

RANK Danke schön. *Sie hält das Zündholz hin, er
raucht die Zigarre an.* Und nun Adieu.

HELMER Adieu, adieu, lieber Freund!

NORA Schlafen Sie wohl, Doktor!   20

RANK Vielen Dank für diesen Wunsch.

NORA Wünschen Sie mir dasselbe.

RANK Ihnen? Na ja, wenn Sie wollen –. Schlafen Sie
wohl. Und Dank für das Feuer. *Er nickt beiden zu
und geht.*   25

HELMER *mit gedämpfter Stimme.* Er hat schwer getrunken.

NORA *wie geistesabwesend.* Mag sein. *Helmer nimmt
seinen Schlüsselbund aus der Tasche und geht ins Vorzimmer.* Torvald – was willst du da?   30

HELMER Ich muss den Briefkasten leeren; er ist ganz
voll; sonst ist morgen früh kein Platz für die Zeitungen –

NORA Willst du heute Nacht noch arbeiten?

Havanna: teure
Zigarrensorte,
ursprünglich
aus Havanna
(Kuba)

HELMER Nein, das weißt du ja schon. – Was ist das? Da ist jemand am Schloss gewesen.

NORA Am Schloss –?

HELMER Allerdings. Was soll das heißen? Ich will
5   doch nicht hoffen, dass die Mädchen –? Hier liegt eine abgebrochene Haarnadel. Nora, das ist deine –

NORA *schnell.* Dann müssen es die Kinder gewesen sein –

10 **HELMER** Das musst du ihnen aber wirklich abgewöhnen. Hm, hm; – na, nun habe ich ihn doch noch aufbekommen. *Nimmt den Inhalt heraus und ruft in die Küche hinein:* Helene! – Helene, machen Sie die Lampe aus im Flur. *Kommt wieder ins Zimmer und*
15 *schließt die Tür zum Vorzimmer.*

HELMER *mit den Briefen in der Hand.* Sieh mal, sieh mal, wie sich das angesammelt hat. *Blättert darin.* Was ist *das?*

NORA *am Fenster.* Der Brief! – Ach, nein, nein, Tor-
20 vald!

HELMER Zwei Visitenkarten – von Rank.

NORA Vom Doktor?

HELMER *sieht sich die Karten an.* Doctor medicinae Rank Sie lagen obenauf; er muss sie beim Wegge-
25 hen hineingesteckt haben.

> Doctor medicinae: Doktor der Medizin

NORA Steht etwas darauf?

HELMER Es steht ein schwarzes Kreuz über dem Namen. Sieh mal her. Das ist doch ein unheimlicher Einfall! Gerade als ob er seinen eigenen Tod
30 anzeigte.

NORA Das tut er auch.

HELMER Wie? Weißt du etwas? Hat er dir etwas gesagt?

NORA Ja. Mit diesen Karten hat er Abschied von uns
35 genommen. Er will sich einschließen und sterben.

HELMER Armer Freund! Ich wusste wohl, dass ich ihn nicht lange mehr haben würde. Aber so bald –. Und nun verbirgt er sich wie ein verwundetes Tier.

NORA Wenn es schon sein *muss,* dann ist es am besten, dass es ohne Worte geschieht. Nicht wahr, Torvald? 5

HELMER Er war so mit uns verwachsen. Ich kann mir unser Leben gar nicht ohne ihn denken. Er, mit seinen Leiden und mit seiner Vereinsamung, gab gewissermaßen den wolkigen Hintergrund ab für 10 unser sonnenhelles Glück. Na, es ist vielleicht am besten so. Für ihn wenigstens. – *Bleibt stehen.* Und am Ende auch für uns, Nora. Jetzt sind wir beide nur auf uns allein angewiesen. *Umarmt sie.* Oh du mein geliebtes Weib; mir ist, als könnte ich dich 15 nicht fest genug halten. Weißt du, Nora – manchmal wünsche ich, es möchte dir eine unmittelbare Gefahr drohen, auf dass ich Gut und Blut und alles, alles für dich aufs Spiel setzen könnte.

NORA *reißt sich los und sagt fest und entschlossen:* Jetzt 20 sollst du deine Briefe lesen, Torvald!

HELMER Nein, nein, jetzt nicht mehr. Ich will bei dir sein, geliebtes Weib.

NORA Mit dem Gedanken an den Tod deines Freundes –? 25

HELMER Du hast recht. Das hat uns beide erschüttert. Es ist etwas Unschönes zwischen uns getreten; der Gedanke an Tod und Auflösung. Wir müssen Befreiung davon suchen. Bis dahin –. Wir wollen jedes auf sein Zimmer gehen. 30

NORA *an seinem Hals.* Torvald, – gute Nacht! Gute Nacht!

HELMER *küsst sie auf die Stirn.* Gute Nacht, mein Singvögelchen; schlaf wohl, Nora. Jetzt lese ich die

Briefe. *Er geht mit der Korrespondenz in sein Zimmer und schließt die Tür hinter sich.*

NORA *mit irren Blicken, tastet umher, fasst Helmers Domino, wirft ihn sich um und flüstert schnell, heiser und abgerissen:* Ihn niemals wiedersehen. Niemals. Niemals. Niemals. *Wirft sich den Schal über den Kopf.* Und auch die Kinder nicht. Auch die nicht. Niemals; niemals. – Oh! Das eiskalte, schwarze Wasser. Oh die bodenlose Tiefe –; diese –. Wenn es nur erst vorüber wäre. – Jetzt hat er den Brief; jetzt liest er ihn. Nein, nein, noch nicht! Torvald, leb wohl – du und die Kinder! *Sie will durchs Vorzimmer hinausstürzen. In demselben Augenblick reißt Helmer seine Tür auf und steht mit dem offenen Brief in der Hand da.*

HELMER Nora!

NORA *schreit laut auf.* Ah –!

HELMER Was ist das? Weißt du, was in diesem Briefe steht?

NORA Ja, ich weiß es. Lass mich gehen! Lass mich hinaus!

HELMER *hält sie zurück.* Wo willst du hin?

NORA *versucht sich loszureißen.* Du darfst mich nicht retten, Torvald!

HELMER *taumelt zurück.* Wahr also? Ist es wahr, was er schreibt? Entsetzlich! Nein, nein, es kann und kann nicht wahr sein!

NORA Es *ist* wahr. Über alles in der Welt habe ich dich geliebt!

HELMER Komm mir nicht mit elenden Ausflüchten!

NORA *macht einen Schritt auf ihn zu.* Torvald –!

HELMER Du Unglückselige, – was hast du getan?!

NORA Lass mich fort! Du sollst nicht für mich büßen. Du sollst es nicht auf dich nehmen.

HELMER Kein Komödienspiel. *Schließt das Vorzimmer ab.* Hier bleibst du und stehst mir Rede. Hast du einen Begriff davon, was du getan hast? Antworte mir! Hast du einen Begriff davon?

NORA *blickt ihn unverwandt an und spricht mit erstarrendem Ausdruck.* Ja, jetzt fange ich an, gründlich zu begreifen.

HELMER *geht im Zimmer umher.* Oh, welch ein furchtbares Erwachen. In diesen ganzen acht Jahren, – sie, die meine Lust und mein Stolz gewesen ist, – eine Heuchlerin, eine Lügnerin, – schlimmer, noch schlimmer – eine Verbrecherin! – Ach, die bodenlose Abscheulichkeit, die in all dem liegt! Pfui, pfui!

NORA *schweigt und sieht ihn immer noch unverwandt an.*

HELMER *bleibt vor ihr stehen.* Ich hätte auf so etwas vorher gefasst sein müssen. Ich hätte es voraussehen müssen. Die leichtsinnigen Grundsätze deines Vaters –. Schweig! Die leichtsinnigen Grundsätze deines Vaters hast du geerbt. Keine Religion, keine Moral, kein Pflichtgefühl –. Oh, wie bin ich dafür bestraft, dass ich ihm durch die Finger gesehen habe. Um deinetwillen habe ich es getan. Und so dankst du mir dafür!

NORA Ja – so.

HELMER Mein ganzes Glück hast du zerstört. Meine ganze Zukunft hast du mir vernichtet. Ach, entsetzlich, nur daran zu denken. Ich bin in der Gewalt eines gewissenlosen Menschen; er kann mit mir machen, was er will; von mir verlangen, was ihm einfällt; über mich gebieten, mir befehlen nach seinem Belieben; – ich darf nicht mucksen. Und so jammervoll muss ich sinken und zugrunde gehen um eines leichtsinnigen Weibes willen!

NORA Wenn ich aus der Welt bin, so bist du frei.

HELMER Lass die Possen! Solche Redensarten hatte
dein Vater auch immer bereit. Was würde mir das
nützen, wenn du aus der Welt wärest, wie du sagst.
Nicht das Geringste würde mir es nützen. Er kann
die Sache trotzdem bekannt machen; und tut er
es, so komme ich vielleicht in den Verdacht, dass
ich um deine verbrecherische Tat gewusst habe.
Man wird vielleicht glauben, ich hätte dahinterge-
steckt, – *ich* hätte dich dazu verführt! Und das
alles habe ich dir zu danken, dir, die ich während
unserer ganzen Ehe auf Händen getragen habe.
Begreifst du nun, was du mir angetan hast?

NORA *mit kalter Ruhe.* Ja.

HELMER Es ist so unglaublich, dass ich es noch immer
nicht fassen kann. Aber wir müssen sehen, wie wir
da herauskommen! Den Schal herunter! Herunter,
sage ich! Ich muss den Mann auf irgendeine Weise
zu befriedigen suchen. Die Sache muss um jeden
Preis vertuscht werden. – Und was dich und mich
betrifft, so muss es aussehen, als sei alles zwischen
uns wie bisher. Aber natürlich nur vor den Augen
der Welt. Du bleibst also nach wie vor im Hause;
das ist selbstverständlich. Aber die Kinder darfst
du mir nicht erziehen; die wage ich dir nicht anzu-
vertrauen –. Oh! Das der Frau sagen zu müssen,
der Frau, die ich so innig geliebt und die ich
noch –! Na, das muss ein Ende haben. Von heut
ab handelt es sich nicht mehr ums Glück; es gilt
nur noch, die Trümmer zu retten, die Überbleib-
sel, den Schein – *Es läutet im Vorzimmer. Helmer
schrickt zusammen.* Was ist das? So spät noch?
Sollte das Entsetzlichste –! Sollte er –? Versteck
dich, Nora! Sag, du bist krank. *Nora bleibt unbe-
weglich stehen. Helmer geht und öffnet die Tür zum
Vorzimmer.*

DAS HAUSMÄDCHEN *halb angekleidet im Vorzimmer.* Ein Brief für die gnädige Frau.

HELMER Geben Sie her. *Nimmt den Brief und schließt die Tür.* Ja, – von ihm. Du bekommst ihn nicht. Ich werde ihn selbst lesen. 5

NORA So lies.

HELMER *an der Lampe.* Ich habe kaum den Mut dazu. Vielleicht sind wir verloren, du und ich. Doch – ich *muss* es wissen. *Reißt den Brief auf, durchfliegt einige Zeilen, blickt auf ein beigelegtes Papier; ein Freuden-* 10 *schrei:* Nora!

NORA *sieht ihn fragend an.*

HELMER Nora! – Nein! Ich muss es noch einmal lesen. – Ja, ja; es ist so. Ich bin gerettet. Nora, ich bin gerettet. 15

NORA Und ich?

HELMER Du auch, – natürlich; wir sind beide geret- tet; du und ich. Sieh her. Er schickt dir deinen Schuldschein zurück. Er schreibt, dass er bedauert und bereut –; dass eine glückliche Wendung in 20 seinem Leben –. Aber was er schreibt, das ist ja ganz gleichgültig. Wir sind gerettet, Nora! Keiner kann dir was anhaben. Ach Nora, Nora –; doch zuerst weg mit den abscheulichen Sachen hier. Lass mich sehen. – *Wirft einen Blick auf die Schuld-* 25 *verschreibung.* Nein, ich will es nicht sehen; die ganze Geschichte soll für mich nichts andres sein als ein Traum. *Reißt den Schein und beide Briefe in Stücke, wirft alles in den Ofen und sieht zu, wie es brennt.* So, nun existiert es nicht mehr. – Oh, das 30 müssen drei furchtbare Tage für dich gewesen sein, Nora!

NORA Ich habe in diesen drei Tagen einen harten Kampf gekämpft.

HELMER Und du hast gelitten und keinen anderen Ausweg gesehen als –. Doch wir wollen alle die hässlichen Dinge begraben. Wir wollen nur jubeln und wiederholen: Es ist vorbei, es ist vorbei! So hör
5 mich doch an, Nora. Du scheinst es noch nicht zu fassen: Es ist vorbei. Aber was ist das – diese starren Mienen? Ach, meine arme, kleine Nora, ich verstehe schon, du willst noch nicht daran glauben, dass ich dir verziehen habe. Aber das habe
10 ich. Nora, ich schwöre dir, ich habe dir alles verziehen. Ich weiß ja, was du getan hast, das hast du aus Liebe zu mir getan.

NORA Das ist wahr.

HELMER Du hast mich geliebt, wie eine Frau ihren
15 Mann lieben soll. Es fehlte dir nur an der nötigen Einsicht zur Beurteilung der Mittel. Aber glaubst du, dass du mir weniger teuer bist, weil du nicht selbstständig zu handeln verstehst? Nein, nein, stütz dich nur auf mich, ich will dir Berater, will
20 dir Führer sein. Ich müsste kein Mann sein, wenn nicht gerade diese weibliche Hilflosigkeit dich doppelt anziehend in meinen Augen machte. Kehr dich nicht an die harten Worte, die ich im ersten Schrecken sprach, in einem Augenblicke, da ich
25 meinte, alles müsste über mir zusammenstürzen. Ich habe dir verziehen, Nora; ich schwöre dir zu, ich habe dir verziehen.

NORA Ich danke dir für deine Verzeihung. *Geht rechts durch die Tür ab.*

30 **HELMER** So bleib doch –. *Sieht hinein.* Was willst du da im Alkoven?

NORA *drinnen.* Das Maskenzeug heruntertun.

HELMER *an der offenen Tür.* Recht so, suche dich zu fassen und das Gleichgewicht deiner Seele wie-
35 derzuerlangen, du mein kleines, verschüchtertes Singvögelchen! Ruh dich getrost aus; ich werde

Alkoven: fensterloser Nebenraum

dich mit meinen starken Flügeln decken. *Geht in
der Nähe der Tür umher.* Oh wie behaglich und
schön unser Haus ist, Nora. Hier bist du geborgen;
ich will dich halten wie eine verfolgte Taube, die
ich den mörderischen Krallen des Habichts entris- 5
sen habe; ich werde dein armes, pochendes Herz
schon zur Ruhe bringen. Nach und nach, Nora, –
glaub mir das. Schon morgen wirst du alles mit
ganz anderen Augen ansehen; bald wird alles wieder beim Alten sein. Ich werde dir nicht mehr oft 10
zu wiederholen brauchen, dass ich dir verziehen
habe; du selbst wirst untrüglich fühlen, dass es
so ist. Wie bist du auf den Gedanken gekommen,
ich könnte dich verstoßen oder dir auch nur einen
Vorwurf machen? Oh Nora, du kennst das Herz 15
eines wirklichen Mannes nicht. Für den Mann
liegt etwas unbeschreiblich Holdes und Befriedi-
gendes in dem Bewusstsein, seiner Frau vergeben
zu haben, – ihr aus vollem, aufrichtigem Herzen
vergeben zu haben. Ist sie doch gewissermaßen in 20
doppeltem Sinne dadurch sein Eigen geworden;
als hätte er sie zum zweiten Male in die Welt
gesetzt. Sie ist sozusagen sein Weib und sein Kind
zugleich geworden. Das sollst du mir fortan sein,
du ratloses, hilfloses Persönchen. Fürchte nichts, 25
Nora; sei nur offenherzig gegen mich, dann werde
ich dein Wille und auch dein Gewissen sein. –
Was ist das? Du gehst nicht zu Bett? Du hast dich
umgekleidet?

NORA *in ihrem Alltagskleide.* Ja, Torvald, ich habe 30
mich umgekleidet.

HELMER Aber warum denn? Jetzt? So spät –?

NORA Diese Nacht werde ich nicht schlafen.

HELMER Aber, liebe Nora –

NORA *sieht auf ihre Uhr.* Es ist noch nicht allzu spät. 35
Nimm Platz, Torvald; wir zwei haben viel mitei-

nander zu reden. *Setzt sich an die eine Seite des Tisches.*

HELMER Nora, – was soll das heißen? Diese starre Miene –.

5 NORA Setz dich. Es dauert lange. Ich habe mit dir über vieles zu reden.

HELMER *setzt sich ihr gegenüber an den Tisch.* Du machst mir Angst, Nora. Und ich verstehe dich nicht.

10 NORA Ja, das ist es eben. Du verstehst mich nicht. Und ich habe dich ebenfalls nicht verstanden – bis zu dieser Stunde. Bitte, unterbrich mich nicht. Du sollst mir nur zuhören. – Es ist eine Abrechnung, Torvald.

15 HELMER Wie meinst du das?

NORA *nach kurzem Schweigen.* Wie wir so dasitzen, – fällt dir gar nichts daran auf?

HELMER Was sollte das sein?

NORA Wir sind jetzt acht Jahre verheiratet. Fällt es 20 dir nicht auf, dass wir – du und ich, Mann und Frau – heute zum ersten Male ein ernstes Gespräch miteinander führen?

HELMER Ein ernstes Gespräch, – was heißt das?

NORA Acht ganze Jahre – und länger noch, – vom 25 ersten Tage unserer Bekanntschaft an haben wir nie ein ernstes Wort über ernste Dinge gewechselt.

HELMER Hätte ich dich etwa beständig einweihen sollen in Widerwärtigkeiten, die du doch nicht mit mir hättest teilen können?

30 NORA Ich spreche nicht von Widerwärtigkeiten. Ich sage nur, dass wir niemals ernst beieinander gesessen haben, um etwas gründlich zu überlegen.

HELMER Aber liebste Nora, das wäre doch nichts für dich gewesen.

NORA Da sind wir bei der Sache. Du hast mich nie
verstanden. – Ihr habt viel an mir gesündigt, Torvald. Zuerst Papa, dann du.

HELMER Was? Wir beide –? Wir beide, die wir dich
über alles in der Welt geliebt haben?   5

NORA *schüttelt den Kopf.* Ihr habt mich nie geliebt.
Euch machte es nur Spaß, in mich verliebt zu sein.

HELMER Aber, Nora, was sind das für Worte!

NORA Ja, es ist so, Torvald. Als ich zu Hause war bei
Papa, teilte er mir alle seine Ansichten mit, und   10
so hatte ich dieselben Ansichten. War ich aber einmal anderer Meinung, dann verheimlichte ich das;
denn es wäre ihm nicht recht gewesen. Er nannte
mich sein Puppenkind und spielte mit mir, wie ich
mit meinen Puppen spielte. Dann kam ich zu dir   15
ins Haus –

HELMER Was für einen Ausdruck gebrauchst du da
von unserer Ehe?

NORA *unbeirrt.* Ich meine, dann ging ich aus Papas
Händen in deine über. Du richtetest alles nach dei-   20
nem Geschmack ein und so bekam ich denselben
Geschmack wie du; aber ich tat nur so: Ich weiß
es nicht mehr recht – vielleicht war es auch beides:
bald so und bald so. Wenn ich jetzt zurückblicke,
so ist mir, als hätte ich hier wie ein Bettler gelebt, –   25
nur von der Hand in den Mund. Ich lebte davon,
dass ich dir Kunststücke vormachte, Torvald. Aber
du wolltest es ja so haben. Du und Papa, ihr habt
euch schwer an mir versündigt. Ihr seid schuld
daran, dass nichts aus mir geworden ist.   30

HELMER Wie lächerlich und wie undankbar, Nora!
Bist du hier nicht glücklich gewesen?

NORA Nein. Das bin ich nie gewesen. Ich habe es
geglaubt, aber ich bin es nie gewesen.

HELMER Nicht – nicht glücklich?   35

NORA Nein, – nur lustig. Und du warst immer so lieb zu mir. Aber unser Heim ist nichts anderes als eine Spielstube gewesen. Hier bin ich deine Puppen*frau* gewesen, wie ich zu Hause Papas Puppen*kind* war.
5 Und die Kinder, die waren wiederum meine Puppen. Wenn du mich nahmst und mit mir spieltest, so machte mir das gerade solchen Spaß, wie es den Kindern Spaß machte, wenn ich sie nahm und mit ihnen spielte. *Das* ist unsere Ehe gewesen, Torvald.

10 HELMER Etwas Wahres liegt in deinen Worten, – so übertrieben und überspannt sie auch sind. Aber von jetzt an soll es anders werden. Die Tage des Spiels sind nun vorüber; jetzt kommt die Zeit der Erziehung.

15 NORA Wessen Erziehung? Meine oder die der Kinder?

HELMER Sowohl deine wie die der Kinder, meine geliebte Nora.

NORA Ach, Torvald, du bist nicht der Mann, mich zu einer richtigen Frau für dich zu erziehen.

20 HELMER Und das sagst du so?

NORA Und ich, – bin ich denn für die Aufgabe gerüstet, die Kinder zu erziehen?

HELMER Nora!

NORA Hast du vorhin nicht selber gesagt, – du dürf-
25 test mir diese Aufgabe nicht anvertrauen?

HELMER Im Moment der Erregung! Wie kannst du darauf etwas geben?

NORA Doch. Du hattest sehr recht. Ich bin der Aufgabe nicht gewachsen. Da ist eine andere Aufgabe,
30 die ich zuvor lösen muss. Ich muss trachten, mich selbst zu erziehen. Und du bist nicht der Mann, mir dabei zu helfen. Das muss ich allein vollbringen. Und darum verlasse ich dich jetzt.

HELMER *springt auf.* Was sagst du da?

NORA Ich muss ganz allein stehen, wenn ich mich mit mir selbst und mit der Außenwelt zurechtfinden soll. Deshalb kann ich nicht länger bei dir bleiben.

HELMER Nora! Nora!

NORA Ich verlasse dich sofort. Christine wird mich für diese eine Nacht aufnehmen –

HELMER Du bist von Sinnen! Das darfst du nicht! Ich verbiete es dir!

NORA Es hat fortan keinen Zweck mehr, mir etwas zu verbieten. Ich nehme mit, was mir gehört. Von dir will ich nichts haben – nicht heut, noch später.

HELMER Welcher Wahnsinn!

NORA Morgen reise ich nach Hause – das heißt: in meine alte Heimat. Dort wird es mir am leichtesten sein, irgendetwas anzufangen.

HELMER Oh du verblendetes, unerfahrenes Geschöpf!

NORA Ich muss trachten, mir Erfahrung zu erwerben, Torvald.

HELMER Deine Häuslichkeit, deinen Mann und deine Kinder zu verlassen! Bedenke: Was werden die Leute sagen!

NORA Darauf kann ich keine Rücksicht nehmen. Ich weiß nur, dass es für mich notwendig ist.

HELMER Oh, das ist empörend. So entziehst du dich deinen heiligsten Pflichten?

NORA Was verstehst du unter meinen heiligsten Pflichten?

HELMER Das muss ich dir erst sagen! Sind es nicht die Pflichten gegen deinen Mann und gegen deine Kinder?

NORA Ich habe andere Pflichten, die ebenso heilig sind.

HELMER Das hast du nicht. Was für Pflichten könnten *das* wohl sein!

NORA Die Pflichten gegen mich selbst.

HELMER In erster Linie bist du Gattin und Mutter.

NORA Das glaube ich nicht mehr. Ich glaube, dass
ich vor allen Dingen Mensch bin, so gut wie du, –
5 oder vielmehr, ich will versuchen, es zu werden.
Ich weiß wohl, dass die Welt dir recht geben wird,
Torvald, und dass etwas Ähnliches in den Büchern
steht. Aber was die Welt sagt und was in den
Büchern steht, das kann nicht länger maßgebend
10 für mich sein. Ich muss selbst nachdenken, um in
den Dingen Klarheit zu erlangen.

HELMER Du solltest dir nicht klar sein über deine Stellung in der eigenen Familie? Hast du in solchen
Sachen nicht einen untrüglichen Führer? Hast du
15 nicht die Religion?

NORA Ach, Torvald, was Religion ist, das weiß ich ja
gar nicht einmal genau.

HELMER Was sagst du da?

NORA Ich weiß ja nur, was Pastor Hansen sagte, als
20 ich zur Konfirmationsstunde ging. Er trug vor, *dies*
sei Religion und *das*. Wenn ich erst aus meinen
gegenwärtigen Verhältnissen heraus und auf mich
allein angewiesen bin, dann werde ich auch *dies* zu
ergründen suchen. Ich will sehen, ob das, was Pas-
25 tor Hansen gesagt hat, richtig war oder vielmehr,
ob es für *mich* richtig ist.

HELMER Ah, – das ist doch unerhört im Munde einer
jungen Frau! Aber wenn die Religion dir eine Füh-
rerin nicht sein kann, so lass mich wenigstens dein
30 Gewissen aufrütteln. Denn moralisches Gefühl,
das hast du doch? Oder, antworte mir, – hast du
es vielleicht nicht?

NORA Ja, Torvald, es ist nicht leicht, dir darauf zu
antworten, Torvald. Ich weiß es ja absolut nicht.
35 Ich bin gänzlich irre daran geworden. Ich weiß

nur, dass ich von dergleichen eine durchaus andere Anschauung habe als du. Dass die Gesetze anders sind, als ich gedacht hatte, höre ich jetzt ja auch; dass sie aber richtig sind, – das will mir durchaus nicht in den Kopf. Eine Frau sollte also nicht das Recht haben, ihren alten sterbenden Vater zu schonen oder das Leben ihres Mannes zu retten! So etwas glaube ich nicht!

HELMER Du sprichst wie ein Kind. Du verstehst die Gesellschaft nicht, in der du lebst.

NORA Ich verstehe sie nicht – allerdings. Aber jetzt will ich sie mir näher ansehen. Ich muss dahinterkommen, wer recht hat, die Gesellschaft oder ich.

HELMER Du bist krank, Nora; du hast Fieber; ich glaube gar, du bist von Sinnen.

NORA Ich habe noch nie so klar und sicher empfunden wie jetzt.

HELMER Und klar und sicher gehst du von deinem Gatten und deinen Kindern?

NORA Ja, das tue ich.

HELMER Dann ist nur noch *eine* Erklärung möglich.

NORA Welche?

HELMER Du liebst mich nicht mehr.

NORA Ja, das ist es eben.

HELMER Nora! – Und das sagst du so?!

NORA Es tut mir bitter weh, Torvald; denn du bist immer so gut zu mir gewesen. Aber was ist da zu machen?! Ich liebe dich nicht mehr.

HELMER *mit mühsam erkämpfter Fassung.* Ist das auch eine klare und sichere Überzeugung?

NORA Eine ganz klare und sichere Überzeugung. Das ist der Grund, warum ich nicht länger hierbleiben will.

HELMER Und kannst du mir auch erklären, wodurch ich deine Liebe verscherzt habe?

NORA Ja, das kann ich. Es war heut Abend, als das Wunderbare nicht kam; und da sah ich, dass du nicht der Mann bist, für den ich dich gehalten hatte.

5 HELMER Sei deutlicher; ich verstehe dich nicht.

NORA Acht Jahre lang habe ich geduldig gewartet; denn, du lieber Gott, ich sah ja ein, dass das Wunderbare nicht wie ein Alltägliches kommen könne. Dann brach das Verderben über mich herein; und 10 nun war ich unerschütterlich fest davon überzeugt: Jetzt kommt das Wunderbare. Als Krogstads Brief draußen lag, – da dachte ich auch nicht einen Augenblick, du könntest dich den Bedingungen dieses Menschen fügen. Ich war fest davon über- 15 zeugt, dass du ihm entgegnen würdest: Tu es nur der ganzen Welt kund! Und wenn das geschehen –

HELMER Nun, und –? Wenn ich meine eigene Frau dem Schimpf und der Schande preisgegeben hätte –?

20 NORA Wenn das geschehen wäre, so glaubte ich fel- senfest – dann würdest du hervortreten und alles auf dich nehmen und sagen: Ich bin der Schuldige.

HELMER Nora –!

NORA Du meinst, ich hätte ein solches Opfer niemals 25 von dir angenommen? Natürlich nicht. Aber was hätten meine Versicherungen gegenüber den dei- nen gegolten? – *Das* war das Wunderbare, worauf ich in Angst und Bangen gehofft habe. Und um *das* zu verhindern, hätte ich meinem Leben ein 30 Ende gemacht.

HELMER Mit Freuden würde ich Tag und Nacht für dich arbeiten, Nora, – für dich Kummer und Sorge ertragen. Aber es opfert keiner seine *Ehre* denen, die er liebt!

35 NORA Das haben hunderttausend Frauen getan!

HELMER Ach, du denkst und sprichst wie ein unver-
nünftiges Kind.

NORA Mag sein. Aber du, du denkst weder noch
sprichst du wie der Mann, an den ich mich
anschließen könnte. Als sie vorüber war, – deine
Angst – nicht vor dem, was *mir* drohte, sondern vor
dem, was dich selber treffen könnte, als alle Gefahr
vorbei war, – da tatest du, als ob nichts geschehen wäre. Genauso wie sonst war ich wieder deine
kleine Lerche, deine Puppe, die du fortan doppelt
vorsichtig auf Händen tragen wolltest, weil sie so
schwach und zerbrechlich wäre. *Steht auf.* Torvald,
in *dem* Augenblick kam ich zu der Erkenntnis, dass
ich hier acht Jahre lang mit einem fremden Manne
zusammen gehaust und dass ich drei Kinder mit
ihm gehabt hatte –. Oh, nicht daran denken darf
ich! In tausend Stücke könnte ich mich zerreißen.

HELMER *schwermütig.* Ich sehe, ich sehe. In der Tat, –
zwischen uns hat sich ein Abgrund aufgetan. –
Aber, Nora, sollte er sich nicht überbrücken lassen?

NORA So wie ich jetzt bin, bin ich keine Frau für dich.

HELMER Ich habe die Kraft, ein anderer zu werden.

NORA Vielleicht, – wenn dir die Puppe genommen
wird.

HELMER Eine Trennung – eine Trennung von dir!
Nein, nein, Nora, – den Gedanken kann ich nicht
fassen.

NORA *geht rechts hinein.* Umso entschiedener muss es
geschehen. *Sie kommt mit Hut und Mantel zurück
und trägt eine kleine Reisetasche, die sie auf den Stuhl
am Tische stellt.*

HELMER Nora, Nora, nicht jetzt! Warte bis morgen.

NORA *nimmt den Mantel um.* Ich kann in der Wohnung eines fremden Mannes nicht die Nacht über bleiben.

HELMER Aber könnten wir nicht hier hausen wie Bruder und Schwester –?

NORA *setzt den Hut auf.* Du weißt ganz gut, dass das nicht von langer Dauer wäre –. *Hüllt sich in den Schal ein.* Leb wohl, Torvald; die Kleinen will ich nicht sehen. Ich weiß, sie sind in besseren Händen als bei mir. So wie ich jetzt bin, kann ich ihnen nichts sein.

HELMER Doch später einmal, Nora, – später?

NORA Wie kann ich das wissen? Ich weiß ja gar nicht, was aus mir wird.

HELMER Aber du bist mein Weib, jetzt und in Zukunft.

NORA Hör zu, Torvald; – wenn eine Frau das Haus ihres Mannes verlässt, wie ich jetzt tue, so entbindet ihn meines Wissens das Gesetz aller Verpflichtungen gegen sie. Wenigstens entbinde ich dich jedweder Verpflichtung. Du sollst durch nichts gefesselt sein, ebenso wenig wie ich es sein will. Auf beiden Seiten muss volle Freiheit herrschen. So, – da hast du deinen Ring zurück. Gib mir den meinen.

HELMER Auch das noch?

NORA Auch das.

HELMER Hier ist er.

NORA So. Nun ist es also aus. Da lege ich die Schlüssel hin. Die Mädchen wissen in der Wirtschaft genau Bescheid – besser als ich. Morgen, wenn ich abgereist bin, wird Christine kommen, um die Sachen zusammenzupacken, die von Haus aus mein Eigentum sind. Sie sollen mir nachgeschickt werden.

HELMER Aus?! Aus?! Nora, wirst du nie mehr an mich
denken?

NORA Ich werde gewiss oft an dich und die Kinder
und dies Haus denken müssen.

HELMER Darf ich dir schreiben, Nora?   5

NORA Nein, – niemals. Das verbiete ich dir.

HELMER Aber schicken darf ich dir doch – –

NORA Nichts; nichts.

HELMER – Dir helfen, wenn du Hilfe brauchst.

NORA Nein, sage ich. Ich nehme nichts von Fremden   10
an.

HELMER Nora, – werde ich dir niemals wieder mehr
als ein Fremder sein können?

NORA *nimmt die Reisetasche.* Ach, Torvald, dann
müsste das Wunderbarste geschehen –.   15

HELMER Nenn es mir, dieses Wunderbarste!

NORA Dann müsste mit uns beiden, mit dir und mir,
eine solche Wandlung vorgehen, dass –. Ach, Torvald, ich glaube an keine Wunder mehr.

HELMER Aber ich will daran glauben. Sprich zu Ende.   20
Eine solche Wandlung, dass –?

NORA – dass unser Zusammenleben eine Ehe werden
könnte. Leb wohl! *Geht durch das Vorzimmer ab.*

HELMER *sinkt auf einen Stuhl neben der Tür zusammen
und birgt das Gesicht in den Händen.* Nora! Nora!   25
Sieht sich um und steht auf. Leer. Sie ist fort! *Eine
Hoffnung steigt in ihm auf.* Das Wunderbarste –?

*Man hört, wie unten die Haustür dröhnend ins Schloss
fällt.*

Sachinformationen

Die bürgerliche Gesellschaft des 19. Jahrhunderts

Die Macht des europäischen Adels war durch revolutionäre Aufbrüche im späten 18. Jahrhundert (Französische Revolution) bzw. in den 40er- bis 70er-Jahren des 19. Jahrhunderts (Vormärz, revolutionäre Ansätze um 1848 und Pariser Kommune) geschwächt worden. Mit dem Ende des 19. Jahrhunderts setzte sich in den europäischen Gesellschaften die soziale Schicht des Bürgertums durch. In der Forschung ist bis heute ungeklärt, wie sich eine »bürgerliche Identität« überhaupt umschreiben ließe. Der Begriff einer »bürgerlichen Ehre« entstand, gegründet auf besondere Tugenden wie Fleiß, Leistungswillen und Sparsamkeit, die gegen den korrupten und luxuriösen Lebensstil des Adels, aber auch gegen die konservative Haltung des katholischen Klerus und gegen die »unmoralische« Denkweise der »kleinen Leute« (v. a. Bauern und Arbeiter) vorgebracht wurde. Zwischen fünf bis fünfzehn Prozent der Gesamtbevölkerung wurden im 19. Jahrhundert in Deutschland zum Bürgertum gerechnet, wobei es große Unterschiede zwischen den einzelnen Vertretern gab: Die Besitzbürger, vor allem reiche Kaufleute bzw. Bankiers oder finanzstarke Fabrikanten, die von der industriellen Revolution profitiert hatten, konnten sich gegen den langsam verarmenden Adel durchsetzen, der seine Finanzstärke nur noch auf seinen Ländereien und der Landwirtschaft aufbaute. In Frankreich wurde diese neu entstandene Bevölkerungsgruppe als »Bourgeoisie« bezeichnet. Finanziell weit weniger einflussreich waren die Vertreter/-innen des Bildungsbürgertums (Akademiker wie Lehrer, Wissenschaftler, Pastoren, Ärzte, Juristen), die am Festhalten einer »klassischen Bildung« auf der Grundlage einer ästhetischen Hochkultur (Literatur, Kunst, Musik) ihren Stolz sahen. Es war wichtig, sich bei gesellschaftlichen Ereignissen wie z. B. auf Bällen/Empfängen, in Theater- oder Opernaufführungen zu zeigen. Zum Kleinbürgertum wurden vor allem Angehörige des

Handwerks, Gastwirte und kleinere Kaufleute gezählt. Diese Schicht war vom Abstieg ins Proletariat bedroht, signalisierte jedoch nach außen einen relativen Wohlstand, der z. B. darin bestand, dass man sich ein wenig Dienstpersonal (Köchin oder Dienstmädchen) leisten konnte. Selbst hier spielten »bürgerliche Umgangsformen« wie Tischsitten, Höflichkeit, feine Lebensart oder ein besonderer Kleidungsstil eine Rolle. Insgesamt war das Bürgertum im 19. Jahrhundert eine sehr heterogene Mittelschicht, die darauf angewiesen war, die eigene Stellung nach oben und unten zu markieren, um die eigene Identität zu definieren.

Die Herausbildung einer bürgerlichen Klasse oder Schicht im 19. Jahrhundert war direkt mit der Entwicklung einer kapitalistischen Gesellschaft verbunden: Alle drei Formen des Bürgertums (Besitzbürger, Bildungsbürger und Kleinbürger) teilten eine besondere Hochachtung vor der individuellen Leistung und der Gewinnerbringung durch »anständiges« Wirtschaften (im Gegensatz zu unmoralischem Spekulieren). »Damit verknüpfte sich eine positive Grundhaltung gegenüber regelmäßiger Arbeit, eine typische Neigung zu rationaler und methodischer Lebensführung« (Kocka 1988, S. 27). Das Bürgertum hatte in der Opposition zum feudalen Staat an Bedeutung gewonnen, vor allem in den Revolutionen bis 1850, in denen Demokratie und Mitspracherechte gefordert wurden. Danach galt der Respekt gegenüber der staatlichen Obrigkeit und den Gesetzen als eine Grundlage bürgerlichen Lebens. Die soziale Kategorie des »Bürgers« (frz.: bourgeois) wurde durch den politischen »Staatsbürger« (frz.: citoyen) ersetzt.

Ibsen verbrachte zwar 27 Jahre seines Lebens außerhalb von Norwegen und verfasste *Nora* in Italien, dennoch schrieb er alle seine Stücke über Norwegen. Vor diesem Hintergrund sollte berücksichtigt werden, welche spezielle Situation das Bürgertum dort erlebte: Die industrielle Revolution begann in Norwegen später als in anderen Ländern. Erst ab 1846 wurde ein modernes Verkehrssystem entwickelt, 1854 gab es die erste norwegische Eisenbahn (in Deutschland bereits 1835).

Die Herausbildung einer selbstbewussten bürgerlichen Schicht verzögerte sich damit, die bäuerlichen Strukturen waren länger bestimmend. Schon 1857 kam es zur ersten Wirtschaftskrise. Alte bäuerliche Strukturen und kapitalistische, bürgerliche Strukturen trafen aufeinander. 1864 unterlag Dänemark gegenüber Preußen im Deutsch-Dänischen Krieg, wovon auch Norwegen betroffen war, da es seit 1814 mit Dänemark in einer Union verbunden war. Wie auch in anderen Regionen in dieser Zeit entwickelte sich in bürgerlichen Kreisen Norwegens ein Interesse an der besonderen Identität. Dieses Konzept spielte für Ibsen eine große Rolle: Alle skandinavischen Kulturen (in Dänemark, Schweden und Norwegen) sollten einerseits zu ihren je spezifischen Wurzeln zurückkehren, andererseits aber auch eine gemeinsame Einheit gegen andere Kulturen bilden. Gerade bei Ibsen ist diese Bewegung mit einer utopischen Ausrichtung verbunden: Der Rückbezug auf die eigenen Werte sollte mit Öffnung zu einer weltumspannenden Gemeinschaft verknüpft werden, nicht mit nationalistischer Abkapselung nach außen.

Literatur

Berghahn, Volker: Das Kaiserreich 1871–1914, Bd. 16.: Industriegesellschaft, bürgerliche Kultur und autoritärer Staat. Stuttgart: Klett-Cotta 2003.

Hein, Dieter / Schulz, Andreas (Hrsg.): Bürgerkultur im 19. Jahrhundert. Bildung, Kunst und Lebenswelt. München: C.H. Beck 1996.

Kocka, Jürgen: Bürgertum und bürgerliche Gesellschaft im 19. Jahrhundert: Europäische Entwicklungen und deutsche Eigenarten. In: Kocka, Jürgen / Frevert, Ute (Hrsg.): Bürgertum im 19. Jahrhundert: Deutschland im europäischen Vergleich. Band 1. München: Deutscher Taschenbuch-Verlag 1988, S. 11–76.

Kocka, Jürgen: Bürger und Bürgerlichkeit im Wandel (2008). In: https://www.bpb.de/apuz/31372/buerger-und-buergerlichkeit-im-wandel [10.07.2022].

Laufer, Ulrike / Ottomeyer, Hans (Hrsg.): Gründerzeit. 1848–1871. Industrie & Lebensträume zwischen Vormärz und Kaiserreich. Eine Ausstellung des Deutschen Historischen Museums, Berlin, 25. April bis 31. August 2008. Dresden: Sandstein-Verlag [u. a.] 2008.

Lundgreen, Peter: Sozial- und Kulturgeschichte des Bürgertums. Göttingen: Vandenhoeck & Ruprecht 2000.

Frau und Familie im 19. Jahrhundert

In seinem Bühnenstück *Nora* setzt sich Ibsen kritisch mit den Problemen einer bürgerlichen Ehe auseinander. Er charakterisierte sein Stück als »ein ernstes Schauspiel, eigentlich ein Familiendrama, [es] behandelt gegenwärtige Verhältnisse und Probleme innerhalb der Ehe« (zit. nach: https://docplayer.org/22173514-Begleitmaterial-fuer-paedagogen-zu-nora-oder-ein-puppenheim-von-henrik-ibsen.html [14.09.2022]).

Mit dem Ende des 18. Jahrhunderts setzte sich für die bürgerlichen Schichten in Europa ein Geschlechtermodell durch, das die Unterschiede zwischen Frau und Mann als naturgegeben erklärte und nicht mehr durch die christliche Religion bestimmt. Damit wurde auch auf ökonomische Veränderungen reagiert, die zu der Auflösung des Modells des »ganzen Hauses« geführt hatten. Während in der vorindustriellen Zeit Wohnen und Arbeiten eine Einheit bildeten und Wirtschaftsgemeinschaften von bis zu fünfzehn Personen üblich gewesen waren, wurden nun die öffentliche und die familiäre Sphäre klar getrennt. Der Mann sei eher für die Öffentlichkeit geschaffen, er sei verantwortlich für die Politik, die ökonomische Versorgung der Familie durch einen Beruf und für die rechtliche Repräsentation von Frau und Kindern nach außen. Die Frau dagegen sei für die Organisation des harmonischen Familienlebens zuständig, sie stehe durch ihre Mütterlichkeit Emotionalität und Fürsorge näher und ihre Aufgabe sei die Reproduktion der Arbeitskraft durch Fürsorge für den Ehemann, für die Kinder und für alte Menschen. Deshalb sei sie von allem fernzuhalten, was dem entgegenstehe; vor allem wirtschaftliche Eigenständigkeit, Berufstätigkeit oder gar ein Wahlrecht wurden ihr verwehrt.

Das Hauptziel einer bürgerlichen Frau war es, eine »gute Partie« zu machen, um sich wirtschaftlich abzusichern. Gelang ihr das nicht, war sie weiterhin sozial und ökonomisch an ihre Herkunftsfamilie gebunden, bei der sie den Rest ihres Lebens verbrachte, oder sie wurde aus der bürgerlichen Gesellschaft ausgestoßen, weil sie entweder als Prostituierte oder in einer Fabrik arbeiten musste. Eine angesehene Berufstätigkeit war für bürgerliche Frauen fast ausgeschlossen, allenfalls als Lehrerin oder Gesellschafterin konnten sie leben. Erst langsam setzte sich der Beruf der Sekretärin für Frauen durch. Das Modell der Versorgungsehe, wonach der Mann allein für die finanzielle Versorgung der Familie zuständig war, führte dazu, dass viele Männer erst spät, frühestens ab einem Alter von ca. 30 Jahren, heirateten, wenn sie in der Lage waren, ihre Familie allein ernähren zu können. Viele hatten bereits voreheliche sexuelle Erfahrungen. Ihre Ehepartnerinnen dagegen waren oft sehr viel jünger und meistens sexuell nicht aufgeklärt, sodass sie häufig nicht wussten, was sie in der Ehe erwartete. Die Rolle der meisten bürgerlichen Frauen bestand hauptsächlich darin, nach außen zu repräsentieren, dass ihr Mann es sich leisten konnte, seine Frau in Müßiggang leben zu lassen. Als Gegenleistung wurde von den Frauen gefordert, dass sie dem Mann gegenüber Ergebenheit zeigen. Für viele Frauen kamen nur zweckfreie kunsthandwerkliche Betätigungen wie Sticken, Musizieren, Malen, Lesen oder allenfalls wohltätiges Engagement in der Armenfürsorge in Frage. Das Bildungsniveau der bürgerlichen Mädchen war eher bescheiden; nach einer geschlechtergetrennten Grundschule erhielten sie Unterricht in Handarbeiten, Musik, Fremdsprachen und Literatur in einem der privaten Mädchenpensionate.

Hausarbeit und Kindererziehung wurden in wohlhabenderen Haushalten auf das Dienstpersonal übertragen, zu denen die Hausfrau nicht immer ein gutes Verhältnis hatte. Auf der einen Seite lebten vor allem Dienstmädchen, Kindermädchen oder Köchinnen sehr nah mit der Kernfamilie zusammen, manchmal sogar über mehrere Generationen, was eine enge Bindung ergab. Auf der anderen Seite gab es keine geregelten Arbeitszeiten, sodass dieses Personal rund um die Uhr zur Verfügung stehen musste, ausgebeutet wurde und die bürgerlichen Frauen als fordernde Arbeitgeberinnen auftraten. Es ist zu betonen, dass dieses Modell nur für das wohlhabende Bürgertum galt. Frauen aus kleinbürgerlichen Kreisen mussten selbst dafür sorgen, finanzielle Mangelsituationen in den Griff zu bekommen, sodass sie sich ums Heizen, Waschen, Haushalten, Nähen oder Stopfen, Einkochen von Gemüse oder Obst kümmerten. Proletarische oder bäuerliche Frauen waren auch im 19. Jahrhundert weiterhin berufstätig, um die Familien mit zu unterstützen, wobei es keinen ausreichenden Schutz bei Schwangerschaft oder keine Hilfen bei der Kinderbetreuung für sie gab.

Ab Mitte des 20. Jahrhunderts bildeten sich in vielen Ländern der Welt Frauenbewegungen. In Deutschland fanden sich drei verschiedene Gruppierungen, die unterschiedliche Ziele verfolgten. Die stärkste Bewegung war die bürgerliche gemäßigte Frauenbewegung, die sich hauptsächlich für die Verbesserung der Bildungs- und Berufschancen für Frauen einsetzte. 1865 wurde der *Allgemeine Deutsche Frauenverein (ADF)* durch Louise Otto-Peters und Auguste Schmidt in Leipzig gegründet, der vor allem Einrichtungen etablieren wollte, in denen Frauen einen Beruf erlernen konnten. Eine ganze Reihe von Petitionen an die Parlamente folgten, etwa die *Gelbe Broschüre* der Frauenrechtlerin Helene Lange, in der es um den Zugang zu akademischer Bildung in Mädchenschulen ging. Eine bürgerliche radikale Frauenbewegung ging hier weiter: Diese Frauen forderten Wahlrecht und den Zugang zu Universitäten. Das war auch ein Ziel der sozialistischen Frauenbewegung, die jedoch in erster Linie für eine Verbesserung der Arbeitsbedingungen für proletarischen Frauen kämpfte.

Henrik Ibsen las mit großem Interesse Artikel dazu, darunter einen wichtigen Text der Sozialdemokratie zur Stellung der Frau, *Die Frau und der Sozialismus* von August Bebel, der im selben Jahr wie sein Drama *Nora oder Ein Puppenheim* veröffentlicht wurde. Ibsen wurde in Kreisen der Frauenbewegung zu einer Ikone, da vor allem seine Kritik an der bürgerlichen Ehe ihren Zielen entgegenkam. Er interessierte sich auch persönlich für die Frauenfrage, wie seine Mitgliedschaften im norwegischen *Verein für die Sache der Frau* oder dem Wiener *Verein für erweiterte Frauenbildung* zeigen. In einer Diskussion um die Frage, ob Frauen im *Skandinavischen Verein* in Rom das Wahlrecht bekommen sollten, äußerte er:

> »Die meisten Damen verlangen das Stimmrecht nicht, um praktischen Gebrauch davon zu machen, sondern weil sie den jetzigen Stand der Dinge als eine Demütigung empfinden. Und in Wirklichkeit ist es das auch – eine unverdiente und unberechtigte Demütigung. Weshalb schließen wir sie auch aus? Wagt in dieser Versammlung einer zu behaupten, dass unsere Damen an Bildung und Intelligenz oder an Kenntnissen oder an künstlerischer Begabung hinter uns zurückstehen müssen? Ich nehme an, dass die Zahl derer, die sich zu solcher Behauptung aufschwingen, nicht groß ist. Wovor fürchtet man sich? Ich höre, hier geht die Sage um, dass die Damen sehr viel intrigieren sollen, und deshalb will man sie fernhalten. Na, ich bin im Laufe meines Lebens vielen männlichen Intrigen auf die Spur gekommen und nicht zum wenigsten in der letzten Zeit« (Ibsen, Henrik: Nachgelassene Schriften, I, Berlin 1903, S. 218).

Seine Frau, die Tochter der bekannten Frauenrechtlerin und Schriftstellerin Magdalene Thoresen, trieb ihn immer wieder zu Gesprächen zum Thema »Frauenrecht« an. Beide waren in den 1870er-Jahren mit Camilla Collet befreundet, die als die erste Feministin Norwegens gilt. 1885 schrieb Ibsen an den *Verein Trondheimer Arbeiter:*

> »Die Umgestaltung der sozialen Verhältnisse, die sich jetzt draußen in Europa vorbereitet, beschäftigt sich im Wesentlichen mit der zukünftigen Stellung des Arbeiters

und der Frau. Diese Umgestaltung ist's, auf die ich hoffe und harre, und für sie will ich wirken und werde ich wirken mein Lebenslang nach besten Kräften« (Ibsen, Henrik: Gesammelte Werke, Bd. 1, S. 457).

Gleichzeitig distanzierte sich Ibsen von einer einseitigen Vereinnahmung des Dramas *Nora* durch die Frauenbewegung. Er erklärte bei einer Ehrung zu seinem 70. Geburtstag vor dem norwegischen *Verein für die Sache der Frau:*

»Ich danke für das Hoch, muss jedoch die Ehre ablehnen, mit Bewusstsein für die Sache der Frau gewirkt zu haben. Ich bin mir nicht einmal klar darüber, was die Sache der Frau eigentlich ist. Mir hat sie sich als eine Sache des Menschen dargestellt. Und wenn man meine Bücher aufmerksam liest, wird man das verstehen. Es ist wohl wünschenswert, die Frauenfrage zu lösen, so nebenher. Aber das war nicht der hauptsächliche Zweck. Meine Aufgabe ist die Menschenschilderung gewesen« (Ibsen, Henrik: Werke. Bd. 1, S. 467 / zit. nach: Neis, Edgar: Nora. Hedda Gabler. Hollfeld, 1997 S. 60).

Von heute gesehen überrascht es, wie lange die Zustände in Deutschland noch fortbestanden, die Ibsen kritisierte: Erst seit 1962 dürfen Frauen in Westdeutschland ohne Zustimmung ihres Mannes ein Konto eröffnen und erst nach 1969 wurde eine verheiratete Frau als geschäftsfähig angesehen. 1977 tritt bei Ehescheidungen das Zerrüttungsprinzip an die Stelle des Schuldprinzips: Davor musste juristisch festgestellt werden, wer die Ehe mutwillig zerstört hatte. Erst 1977 konnte eine Ehe geschieden werden, wenn sich beide auseinandergelebt hatten. Damit änderte sich auch das Unterhaltsrecht; bis dahin hatte die/der »schuldig« geschiedene Ehepartner/-in keinen Anspruch auf Unterhalt durch die/den Ex-Partner/-in. Erst seit 1977 wurde es Frauen in Westdeutschland zudem erlaubt, ohne Zustimmung ihres Mannes berufstätig zu werden.

Literatur

Bock, Gisela: Geschlechtergeschichten der Neuzeit. Ideen, Politik, Praxis. Göttingen: Vandenhoeck & Ruprecht 2014.

Gerhard, Ute: Unerhört. Die Geschichte der deutschen Frauenbewegung. Reinbek 1990.

Greven-Aschoff, Barbara: Die bürgerliche Frauenbewegung in Deutschland 1894–1933. Göttingen 1981.

Jakob, Frank / Streichhahn, Vincent (Hrsg.): Geschlecht und Klassenkampf. Die *Frauenfrage* aus deutscher und internationaler Perspektive im 19. und 20. Jahrhundert. Berlin: Metropol 2020.

Rieger, Gerd Enno: Henrik Ibsen. Mit Selbstzeugnissen und Bilddokumenten. Hamburg: Rowohlt 1981.

Schraut, Sylvia: Bürgerinnen im Kaiserreich: Biografie eines Lebensstils. Stuttgart: Kohlhammer 2013.

Weber-Kellermann, Ingeborg: Die deutsche Familie. Frankfurt a. M.: Insel 1996.

Wolff, Kerstin: Die Frauenbewegung organisiert sich (2008). In: https://www.bpb.de/gesellschaft/gender/frauenbewegung/35256/aufbauphase-im-kaiserreich [14.04.2020].

Determinismus und Sozialdarwinismus

In der zweiten Hälfte des 19. Jahrhunderts gab es einen Aufschwung der Naturwissenschaften. Naturwissenschaftliche Herangehensweisen, die als neutral oder objektiv wahrgenommen wurden, wurden auf gesellschaftliche und politische Zustände übertragen. So wurde die Auffassung vertreten, nur eine objektive Sicht auf die Mechanismen der Gesellschaft könnte zu einer Veränderung von negativen Entwicklungen führen. Ein wichtiger Ideengeber war dabei Charles Darwin (1809–82). Dieser hatte eine Theorie entwickelt, nach der behauptet wurde, dass sich durch die natürliche Selektion die am besten angepassten Lebewesen in einer Evolution, einem natürlichen Ausleseprozess, durchsetzen und über die begrenzten Ressourcen zum Überleben verfügen würden. Schwache, d. h. weniger gut angepasste Lebewesen, würden dagegen aussterben. Von Darwin wurde diese Theorie nur zur Analyse von Vorgängen in der Natur eingesetzt, in der Beobachtung von Veränderungen in Flora und Fauna durch die sie umgebende Natur. Später wurde dieses Modell jedoch im Sinne einer »sozialdarwinistischen« Ideologie missbraucht. Es wurde davon ausgegangen, dass der Mensch sowohl durch sein Milieu als auch durch seine Vererbung so stark bestimmt/determiniert sei, dass eine eigenständige Entwicklung kaum möglich wäre. Bestimmte soziale Verhaltensweisen galten als ererbte und unüberwindbare »Krankheiten«, darunter fielen beispielsweise Alkoholabhängigkeit, Kriminalität, psychische und/oder seelische Beeinträchtigungen, Promiskuität (Interesse an wechselnden Geschlechtspartnern), Prostitution, asoziales oder amoralisches Verhalten. Diese »Krankheiten« hofften Sozialdarwinisten durch eine »Ausmerzung« ihrer Träger aus der Welt zu schaffen.

Eine andere Herangehensweise war die Eugenik. Nach dieser Theorie sollten durch die Förderung von »guten Genen« gezielt wünschenswerte Menschen entstehen. Die Eugenik war bis in die 1920er-Jahre eine anerkannte Wissenschaft, die sowohl in rechtsnationalen Kreisen als auch in linken sozialdemokratischen und in feministischen Bewegungen vertreten wurde. Anhänger/-innen dieser Theorien glaubten, durch eine Verbesserung der genetischen Struktur einer Gesellschaft eine utopische bessere Gesellschaft gestalten zu können. Teilweise wurden diese deterministischen Vorstellungen mit rassistischen Konzepten verknüpft, nach denen »nicht arische« Menschen und Völker als »verseucht« angesehen wurden. Auch wurden diese Thesen als Teil eines Klassenkampfes gegen die Angehörigen »niedriger Schichten« eingesetzt, mit der Vorstellung, dass »Armut« ein selbst verschuldetes Ergebnis von schlechten, angeborenen Verhaltensweisen sei. Die Nationalsozialisten propagierten diese sozialdarwinistischen Ideen verstärkt und rechtfertigten mit der Eugenik von 1933–45 die massenhafte Tötung (Euthanasie) von geistig und körperlich eingeschränkten Menschen, von sogenannten nicht arischen Menschen, von Kriminellen sowie Homosexuellen. Sozialdarwinismus und Eugenik wurden damals als Wissenschaft angesehen, sind jedoch menschenverachtende Ideologien, die einzelnen Menschen ihre Würde aberkennen.

Literatur

Francisco, Mila: Die Entwicklung des eugenischen Gedankengutes im Kaiserreich 1871–1918. München: GRIN 2003.

Kellner, Wolfgang W. (Hrsg.): Vergiftetes Denken – Allianzen der stramm national gesinnten Männer vom Kaiserreich bis zum NS-Staat. Hamburg: tredition 2021.

Manz, Ulrike: Bürgerliche Frauenbewegung und Eugenik in der Weimarer Republik. Königstein: Helmer 2007.

Polzin, Julia: Matriarchale Utopien, freie Liebe und Eugenik – die Mutterbewegung im Deutschen Kaiserreich und der Bund für Mutterschutz bis 1940. Hamburg: Kovač 2017.

Naturalismus

Vorbilder einer literarischen Epoche des Naturalismus fanden sich vor allem in Frankreich mit Edmond (1822–96) und Jules de Goncourt (1830–70) sowie Émile Zola (1840–1902). Sie forderten, dass auch in den Geisteswissenschaften Methoden Einzug erhalten sollten, die vorher nur für die Naturwissenschaften galten: Empirische Messbarkeit, wertfreie Beschreibung und Überprüfung von kausalen Begründungen sollten nun auch auf psychologische Beziehungen zwischen Menschen und für die Gesellschaft eingesetzt werden. Der Soziologe Auguste Comte (1789–1857) hatte 1844 die Vorstellung des Positivismus (die Beobachtung von wahrnehmbaren [positiven] Tatsachen als Grundlage jeglicher Wissenschaft) formuliert, wobei er sich auf die Evolutionstheorie von Charles Darwin bezog, der von einer »Kausalverkettung« alles Seienden ausging. Darwins Ideen wurden in Deutschland durch Ernst Haeckel in einem »biogenetischen Grundgesetz« verbreitet und erfuhren eine große Popularität: Der Mensch wiederhole phylogenetisch in seiner individuellen Entwicklung die gesamte Menschheitsgeschichte (die ontogenetische Stammeszellenentwicklung). Diese Vorstellung wandte sich gegen den christlichen Schöpfungsgedanken, an die Stelle Gottes wurde die Natur als wirkmächtiges Prinzip gesetzt.

Die Natur sollte auch Organisationsprinzip in der Kunst, Literatur und Musik sein. Dies zeigte erstmals der französische Philosoph, Kritiker und Historiker Hippolyte Taine (1828–1893). Er formulierte in seiner *Philosophie de l'art* (1882), dass Werke des »menschlichen Geistes« wie Werke »der lebendigen Natur« zu beurteilen seien, wobei drei Quellen im Vordergrund stehen sollten, die den Künstler bestimmen: Rasse, Sphäre/Milieu und Zeitpunkt/Moment. Die Kunst habe die Aufgabe, die Lebenswelt und den »wesentlichen Charakter« einer Sache zum Ausdruck zu bringen. Émile Zola (1840–1902) übertrug Taines Thesen auf die Herstellung von Kunst (*Du progrès dans les sciences et dans la poésie,* 1864) und forderte eine von Wissenschaft bestimmte Literatur, wobei die Schriftsteller/-innen zu einer unpersönlichen, neutralen Instanz wurden, die nur wiedergaben, was sie beobachteten, oder aber in einer Art naturwissenschaftlichem Experiment untersuchten, welche alternativen Entwicklungsmöglichkeiten zur Realität man annehmen könnte. Dies zeigte Zola exemplarisch in seinem Romanzyklus *Les Rougon Macquart* (20 Bände, 1869–1893), in dem er die Verhältnisse im nordfranzösischen Kohlerevier darstellt. Der Herausgeber Michael Georg Conrad, der selbst in Frankreich lebte und sich als Vermittler nach Deutschland sah, beschreibt diese Darstellung folgendermaßen:

»Treue Wiedergabe des Lebens unter strengem Ausschluss des romantischen, die Wahrscheinlichkeit der Erscheinung beeinträchtigenden Elementes; die Komposition hat ihren Schwerpunkt nicht mehr in der Erfindung und Führung einer mehr oder weniger spannenden, den blöden Leser in Atem haltenden Intrige (Fabel), sondern in der Auswahl und logischen Folge der dem wirklichen Leben entnommenen Szenen« (Conrad 1885, S. 746).

Es sei Aufgabe des Schriftstellers als »Analytiker des Menschen in seiner individuellen und sozialen Tätigkeit« (Kemper 2007, S. 533) wie ein Wissenschaftler aufzutreten, der den Determinismus des menschlichen Verhaltens darstellt. Bildung, Konvention und Moral seien nur »Masken«, die die Schriftsteller/-innen aufdecken müssten, um dahinter Vererbung und Milieu zu entdecken. Dabei verschoben sich auch die Inhalte: Es gab nun keine weniger würdigen, »niedrigen« Themen, sondern alles war ohne Tabus wert, in der Literatur und Kunst dargestellt zu werden.

Im Vergleich zum bürgerlichen Realismus, der in Deutschland von Autoren wie Theodor Fontane oder in der Schweiz von Gottfried Keller vertreten wurde und in dem es um eine poetische Verwandlung und letztlich doch um eine Idealisierung der Welt ging, sollte nun die Realität fotografisch genau und ohne Eingriff der Schriftsteller/-innen wiedergegeben werden.

Die Bewegung des Naturalismus verbreitete sich schnell in ganz Europa. Hauptvertreter waren in Russland Lew Tolstoi, Maxim Gorki, Anton Tschechow oder Iwan Turgenjew, in Spanien Emilia Pardo Bazán, in Italien Giovanni Verga, in England Arthur Conan Doyle und George Moore. Eine besondere Bedeutung erhielt in Deutschland der skandinavische Naturalismus: Die Werke von Bjørnstjerne Bjørnson (1832–1910), Henrik Ibsen (1828–1906) und August Strindberg (1849–1912), die als »Gesellschaftsdramatik« bezeichnet werden konnten, galten den deutschen Naturalistinnen und Naturalisten als Vorbild. Dabei wurde der Begriff »Naturalismus« unterschiedlich verwendet, in manchen Ländern erfuhr er eine Abwertung.

Nach dem gewonnenen Krieg von 1870/71 und der Staatsgründung bildete sich in der deutschen Öffentlichkeit ein konservativer, militaristischer Geist heraus. Kunst und Kultur wurden dem gegenüber als staatszersetzend wahrgenommen, alle deutlich gesellschaftskritischen Tendenzen wurden vom Kaiser persönlich mit Zensur verfolgt. In Berlin entstanden deshalb geschlossene Zirkel um das private Theater: *Die freie Bühne* (erstes Stück 1890 war Ibsens Drama *Stützen der Gesellschaft)*, den naturalistischen Literaturverein *Durch* (Mitglieder waren z. B. Gerhart Hauptmann, Wilhelm Bölsche, Arno Holz) und die Zeitschrift *Kritische Waffengänge* (Brüder Heinrich und Julius Hart, Peter Hille, Otto Erich Hartleben, Johannes Schlaf). In diesen geschützten Räumen wurden naturalistische Kunstvorstellungen diskutiert. In München fanden sich Schriftsteller/-innen um die Zeitschrift *Die Gesellschaft* (herausgegeben von Michael Georg Conrad) und in der *Gesellschaft für modernes Leben* zusammen. Sie interessierten sich eher für den psychologischen, subjektiven Aspekt der Literatur statt deren naturwissenschaftliche Gestaltung.

Vor allem die Formel »Kunst = Natur – x« von Arno Holz wird heute noch zur Kennzeichnung einer Position verwendet, die die Natur stark aufwertet: Man forderte, dass die Größe »x« so klein wie möglich gehalten werden solle, weil es sich hierbei nur um störende Beeinflussungen der Realitätswiedergabe handeln würde. Während in der Prosa ein möglichst genauer »Sekundenstil« versucht wurde, d. h. die detaillierte Wiedergabe der Realität, wobei Erzählzeit und erzählte Zeit gleich sein sollten, fand sich in allen Genres die Nachahmung eines bestimmten Soziolekts bzw. eine an dem Mündlichen orientierte Sprache. Die Figuren wurden als Vertreter/-innen ihres Milieus, aber auch ihrer Veranlagungen dargestellt. Dies wird in dramatischen Texten vor allem durch die retrospektive Technik des »Analytischen Dramas« oder »Enthüllungsdramas« umgesetzt: Nach der Einführung der Figuren im ersten Akt werden nach und nach ihre Beziehungen aufgedeckt, wobei verschiedene verdrängte und versteckte Wahrheiten ans Licht kommen, die ihr aktuelles Verhalten erklären. Ziel ist – ähnlich wie in der Prosa – eine Kritik an den Vorgaben der Gesellschaft, die das Individuum in seiner Freiheit einschränkt.

Der Naturalismus hatte auch Auswirkungen auf die Umsetzung der Stücke im Theater: In genauen Regieanweisungen, die Bestandteil des Theatertextes wurden, erklärten die Schriftsteller/-innen, welche Ausstattung auf der Bühne gezeigt werden sollte, um die Illusion einer möglichst realistischen Einsicht zu schaffen: Dazu wurden nicht mehr gemalte oder angedeutete Dekorationen aufgestellt, sondern ein handhabbares Bühnenbild eingesetzt, z. B. Türen, Fenster, Schränke, die wirklich geöffnet und geschlossen werden konnten. Wie genau Ibsen es mit der Umsetzung seiner Regieanweisungen nahm, zeigte sich an seiner Unzufriedenheit nach der ersten Aufführung von *Nora* in München: Die »Farbe der Tapete in dem Wohnzimmer [...] liefere nicht die rechte, von ihm gewünschte Stimmung« (Paulsen 1907, S. 54). Auch die Beleuchtung spielte eine immer größere Rolle für die Vermittlung einer bestimmten Atmosphäre, dazu waren ein völlig dunkler Zuschauerraum und variabel einsetzbares Gaslicht, das später durch elektrisches Licht ersetzt wurde, nötig. Die Öffnung zum Zuschauerraum wurde zu einer fest definierbaren vierten Wand, um den Eindruck zu kreieren, dass das Publikum in einer »Guckkastenbühne« das Geschehen verfolgen könne. Die Zuschauer/-innen wurden nicht mehr einbezogen oder angesprochen, z. B. bei Monologen. Die Kostüme sollten ein bestimmtes Milieu bzw. eine bestimmte Zeit repräsentieren und authentisch wirken. Selbst das Spiel der Schauspieler/-innen veränderte sich: »Echtheit« war wichtig. Die Akteurinnen und Akteure sollten sich durch eine Erinnerung an eine ähnliche Situation im eigenen Leben oder durch genaue Beobachtung von Menschen ihrer Rolle nähern, ohne dabei pathetisch zu übertreiben.

Insgesamt gab es – zumindest in Deutschland – keine gemeinsame programmatische Selbstbeschreibung des Naturalismus. Die Vertreter/-innen reagierten auf die technologischen Veränderungen, die die zweite Hälfte des 19. Jahrhunderts bestimmten: Ausbau von Eisenbahnstrecken, Elektrifizierung, Konzentration des Lebens auf die Städte, fortschreitende

Industrialisierung und Gründung von großen neuen Firmen (Siemens, AEG, Bosch). Diese technologischen Veränderungen hatten auch soziale Veränderungen zur Folge: Die »soziale Frage«, die sich um die Arbeits- und Lebensbedingungen des Proletariats drehte, trug dazu bei, dass sich oppositionelle Kräfte in der Gesellschaft sammelten, nicht zuletzt um die neu entstandene sozialdemokratische Partei (SPD). Mit diesen Kräften sympathisierten die meisten Schriftsteller/-innen des Naturalismus.

Literatur

Ajouri, Philipp: Literatur um 1900: Naturalismus, Fin de Siècle, Expressionismus. Berlin: Akademie Verlag 2009.

Bunzel, Wolfgang: Einführung in die Literatur des Naturalismus. Darmstadt Wissenschaftliche Buchgesellschaft 2008.

Conrad, Michael Georg: Zola und Daudet. In: Die Gesellschaft 1 (1885) Nr. 40, S. 746 f.

Kemper, Dirk: Naturalismus. In: Burdorf, Dieter / Fasbender, Christoph / Moennighoff, Burkhard (Hrsg.): Metzler Literatur Lexikon. Stuttgart/Weimar: Metzler 2007, S. 532–535.

Langermann, Detlef: Basiswissen Schule: Literatur. Mannheim: Duden 2002.

Paulsen, John: Erinnerungen an Henrik Ibsen. Berlin: Fischer 1907.

Sprengel, Peter: Geschichte der deutschsprachigen Literatur 1870–1900. Von der Reichsgründung bis zur Jahrhundertwende. München: C.H. Beck 1998.

Entstehung und Rezeption des Dramas

Während der Entstehung des Schauspiels *Nora oder Ein Puppenheim* setzte sich Ibsen im *Skandinavischen Verein* in Rom mit zwei Anträgen dafür ein, dass Frauen ein Stimm- und Beteiligungsrecht in diesem Verein erhalten sollten. Beides wurde abgelehnt. Gleichzeitig griff Ibsen das Schicksal der norwegisch-dänischen Schriftstellerin Laura Kieler (1849–1932) auf: Diese hatte – ähnlich wie Nora – für ihren an Tuberkulose erkrankten Mann 1876 eine Reise nach Italien finanziert, in der dieser geheilt wurde. Kieler hatte Ibsen um Unterstützung bei der Veröffentlichung von eigenen Texten gebeten, um ihre Schulden zurückzahlen zu können, was dieser aber ablehnte. Gleichzeitig schrieb er ihr, dass sie ihren Mann über ihre eigenen Geldsorgen aufklären müsse, und nahm Argumente auf, die er in seinem Theaterstück von Frau Linde ausdrücken lässt. Nachdem Laura Kieler in der Not ihrem Mann gestanden hatte, dass sie einen falschen Wechsel aufgenommen hatte, verurteilte dieser ihr Vorgehen und reichte die Scheidung ein. Die beiden Kinder wurden der Mutter weggenommen. Laura Kieler erlitt einen Nervenzusammenbruch und forderte Ibsen nach Veröffentlichung seines Theaterstücks auf, zu bestätigen, dass nicht ihr eigenes Schicksal dargestellt worden sei. Ibsen betonte zwar den Unterschied zwischen einer literarischen Figur und einer realen Person, hatte sich jedoch sehr wahrscheinlich durch ihren Fall inspirieren lassen.

Im Oktober 1878 begann Ibsen mit den ersten Fassungen zum Werk, zunächst unter dem Arbeitstitel »Aufzeichnungen zur Gegenwartstragödie« (s. S. 146). In seiner ersten Fassung ließ Ibsen Nora Selbstmord begehen, erkannte aber, dass dies eine zu einfache Lösung ihres gesellschaftlichen Konflikts dargestellt hätte. Reste von Ibsens ursprünglichem Konzept, nach dem sich Nora umbringen will, finden sich an verschiedenen Stellen im Stück.

Ibsen beendete *Ein Puppenheim* im September 1879 in Amalfi (Italien). Das Stück wurde im selben Jahr am 21. Dezember in Kopenhagen uraufgeführt. Erfolgreiche Aufführungen folgten in ganz Skandinavien. Wilhelm Lange, der den Text unter dem Titel *Nora* ins Deutsche übersetzte, befürchtete, dass so in Deutschland nicht gespielt werden könne, weil der Schluss zu schockierend sei: Eine Mutter dürfe ihre Kinder nicht verlassen. Ibsens Verleger Hegel schlug Ibsen deshalb vor, lieber selbst ein harmloses Ende zu verfassen, um anderen zuvorzukommen, die aufgrund fehlender Urheberrechte die Möglichkeit hätten, das Stück an ihre eigenen Ideen anzupassen. Ibsen ließ sich darauf ein und schrieb im Februar 1880 eine – wie er es nennt – »barbarische Vergewaltigung« des Stückes (Werke, Bd. 10, S. 281): Darin zwingt Helmer Nora, vor ihrem Weggang ihre Kinder anzusehen, die mutterlos würden, wenn sie wegginge. Sie sagt: »Ich versündige mich gegen mich selbst, aber ich kann sie nicht verlassen« (vgl. Werke, Bd. 6, Vorwort XXIV). Daraufhin sinkt sie in sich zusammen. Die deutsche Erstaufführung mit dieser Veränderung fand 1880 in Hamburg statt, diese Version wurde auch in Kiel und Neumünster mit großem Erfolg gespielt.

Zu einer ersten Aufführung mit dem Originalschluss kam es auf Anregung Ibsens und in seiner Anwesenheit im März 1880 in München. An seinen Verleger Hegel schrieb Ibsen danach:

> »Hier unten hat Nora dieselbe Erregung hervorgerufen wie daheim. Man hat leidenschaftlich für und gegen das Stück Partei ergriffen und es ist kaum jemals zuvor in München geschehen, dass eine dramatische Arbeit so lebhaft diskutiert wurde wie diese« (Ibsen an Frederik Hegel, Brief vom 14. April 1880, zit. nach Ibsen 1979, S. 299).

In Berlin wurde das Stück abwechselnd mit dem Originalschluss und mit dem »versöhnlichen« Schluss gespielt, sodass es auch als »eine Art Durchaus-Drama mit zwei Ausgängen« bezeichnet wurde (Brauneck/Müller 1987, S. 603).

1887 führten neue Aufführungen von *Nora* zu einer Begeisterung für den Dramatiker Ibsen und sein Stück. Es kam in Deutschland zu zahllosen Editionen, Inszenierungen, Nachdichtungen und Bearbeitungen. Die Reclam-Ausgabe für 20 Pfennig wurde 1879 zunächst in 8000 Exemplaren gedruckt, im Januar 1880 folgte eine weitere Auflage von 4000 Exemplaren und im März des gleichen Jahres noch einmal eine von 2500 Exemplaren. Ibsens Schauspiel schien vor allem deshalb diskutiert worden zu sein, weil es als »Emanzipationsstück« wahrgenommen wurde. So äußerte sich der Literaturwissenschaftler Emil Reich 1894 in einer Vorlesungsreihe über Ibsen:

»In Ibsens Auftreten als Vorkämpfer der Frauenbewegung wird eine spätere Zeit vielleicht sein Hauptverdienst und seine unvergängliche Bedeutung erblicken, hier war er der unleugbar Bahnbrechende, sein ›Puppenheim‹ ist das dramatische Evangelium in diesem Streit und eben hier ließ er seine Nora mit einseitigster Betonung des Rechtes auf Persönlichkeit, unbeirrt von jeder anderen Pflichtidee, vorgehen« (Reich, 1894 [1987], S. 639).

Deshalb wurden Auswirkungen gerade auf die Zuschauerinnen befürchtet. Es waren nicht nur Literaturwissenschaftler/-innen und Theaterkritiker/-innen, die über das Stück stritten, auch gesamtgesellschaftlich bestimmte die »Nora-Frage« noch Jahrzehnte die deutsche Öffentlichkeit. 1907 veröffentlichte der Staatsanwalt Erich Wulffen die juristische Schrift *Ibsens Nora vor dem Strafrichter und Psychiater* (Halle an der Saale 1907); auch dies zeigt, dass es nicht mehr um eine literarische Figur geht, sondern man glaubte, mit Nora einen Typus Frau vor sich zu haben, der auch in der deutschen Gesellschaft zu finden sei.

Nora oder Ein Puppenheim hatte große Wirkung auf viele Autorinnen und Autoren, besonders aber auf die Vertreter/-innen des Naturalismus, die hier eine Anregung für ihre eigenen Texte sahen. Ibsens Kontrahent August Strindberg verfasste seine satirische Erzählung »Ein Puppenheim«, in der er betont, dass die Frauen nur den richtigen Mann finden müssten, um zufrieden zu sein.

Wie in Deutschland so wurde das Stück auch in England zunächst mit starken Eingriffen gespielt: Beispielsweise übernimmt Helmer als Gentleman die Schuld seiner Frau. Eleanor Marx, die jüngste Tochter von Karl Marx, schrieb gegen diese Fassung in ihrer Streitschrift *The Woman Question* (1886) und inszenierte zusammen mit dem Schriftsteller George Bernard Shaw in ihrer Wohnung die Originalfassung. Bertolt Brecht kritisierte Ibsens naturalistische Vorgehensweise: Menschen führen nur das aus, was das Schicksal für sie vorgesehen hat. Nora antworte nur auf die Unterdrückung »durch den Ehemann. Die Frage wird durch ›das Schicksal‹ gestellt, es hat nur auslösenden Charakter, es untersteht nicht der menschlichen Tätigkeit [...]. Die Menschen handeln zwangsmäßig, ihrem ›Charakter‹ entsprechend« (Brecht 1964, S. 156).

Im Film *Szenen einer Ehe* greift der schwedische Regisseur Ingmar Bergmann 1973 Ibsens Stück auf und nutzt eine Theateraufführung von *Nora* als Auslöser für die eheliche Diskussion. Der Film wurde zum Zeitpunkt seiner Entstehung in ähnlicher Weise zu einem Skandal wie Ibsens Stück hundert Jahre davor.

1984 bearbeitet Elfriede Jelinek den Stoff: Nora wird nach der Ehe Textilarbeiterin, der Besitzer der Firma verliebt sich in sie und benutzt sie für seine Zwecke: Nora soll mit einem Minister und Helmer, dem Bankdirektor, schlafen, damit diese dafür sorgen, dass der Fabrikbesitzer auf dem Gelände seiner Firma ein Atomkraftwerk bauen kann. Nora kehrt zu Helmer zurück und nimmt an der Anti-Atomkraft-Bewegung teil, ohne aber wirklich zu verstehen, worum es geht.

Zu *Nora oder Ein Puppenheim* finden sich zahllose Parodien, z. B. 1889 von Eleanor Marx und Israel Zwangwill *Das reparierte Puppenheim* und 1981 von Esther Vilar: *Helmer oder ein Puppenheim. Variationen über ein Thema von Henrik Ibsen*. Am bekanntesten wurde eine Sammlung von unterschiedlichen *Nora*-Schlüssen, die 1901 verschiedene Schriftsteller wie z. B. Frank Wedekind, Maurice Maeterlinck, Georg Hirschfeld unter dem Titel *Nora. Letzter Akt, letzte Szene* für ein Kabarett-Ensemble am Deutschen Theater schrieben.

Das Stück wurde von 1923 bis 2011 zehnmal verfilmt, allein sechsmal in Deutsch, was für die Aktualität des Stoffes spricht. Die Fassungen von Joseph Losey (*Nora*, Großbritannien/Frankreich 1973) und Rainer Werner Fassbinder (*Nora Helmer*, Deutschland 1974) sind besonders sehenswert, weil sie die Frauenemanzipation in den Siebzigerjahren beeinflusst haben und demnach zeigen, wie stark Literatur auf die politische Realität wirken kann.

Literatur

Bänsch, Dieter: Henrik Ibsen: Nora oder ein Puppenheim. Frankfurt a. M.: Diesterweg, 1998[2].

Brauneck, Manfred / Müller, Christine: Ibsen-Rezeption im Umfeld des deutschen Naturalismus. In: Manifeste und Dokumente zur deutschen Literatur 1880–1900. Naturalismus. Stuttgart: Metzler 1987, S. 597–645.

Brecht, Bertolt: Shakespeare-Aufsätze. In: ders.: Schriften zum Theater. Berlin und Weimar: Aufbau 1964, Bd. III, S. 156.

Englert, Uwe (Hrsg.): Ibsens Dramen. Stuttgart: Reclam 2005 (= Reclams Universal-Bibliothek, 17530: Interpretationen).

Freund-Spork, Walburga: Henrik Ibsen: Nora (Ein Puppenheim). Stuttgart: Reclam 2008.

Friese, Wilhelm (Hrsg.): Ibsen auf der deutschen Bühne. Texte zur Rezeption. Tübingen: Niemeyer 1976.

Herrmann, Elisabeth: Nora geht. Nora bleibt: Variationen der Konstruktion und Dekonstruktion von Geschlechtern in Ibsens Puppenheim. In: Gutjahr, Ortrud (Hrsg.): Nora und Hedda Gabler von Henrik Ibsen: GeschlechterSzenen in Stephan Kimmigs Inszenierung am Thalia Theater Hamburg. Tübingen: Verlag Königshausen & Neumann 2005, S. 53–66.

Hiebel, Hans H.: Die Frau ist das, was nicht spricht. Nora oder ein Puppenheim (1879). In: ders.: Henrik Ibsens psycho-analytische Dramen: Die Wiederkehr der Vergangenheit. München: Fink 1990, S. 89–104.

Ibsen, Henrik: Ein Puppenheim. Stück, Vorarbeiten, Materialien. Hrsg. und übersetzt von Angelika Gundlach. Frankfurt a. M.: Insel 1979.

Jelinek, Elfriede: Was geschah, nachdem Nora ihren Mann verlassen hatte oder Stützen der Gesellschaft. In: dies.: Theaterstücke. Hrsg. von Ute Nyssen. Köln 1984, S. 6–62.

Keel, Aldo: Henrik Ibsen. Nora (Ein Puppenheim). Erläuterungen und Dokumente. Stuttgart: Reclam 1990.

Kühne, Lena: Ibsen im Spiegelkabinett. Verfremdung der Gesellschaftsdramen Henrik Ibsens in Parodien und verwandten Rezeptionsformen im deutschen und skandinavischen Sprachraum. Wien: Praesens 2004 (= Wiener Studien zur Skandinavistik, 10).

Reich, Emil: Ibsens Dramen. Sechzehn Vorlesungen. Dresden/Leipzig: Pierson's 1894. In: Brauneck, Manfred / Müller, Christine: Manifeste und Dokumente zur deutschen Literatur 1880–1900. Naturalismus. Stuttgart: Metzler 1987, S. 634–639.

Materialien

Bürgerliches Gesetzbuch (1896) [Auszüge]

In den nachfolgenden Auszügen aus dem Bürgerlichen Gesetzbuch aus dem Jahr 1896 werden das Familienrecht und damit die Rechte und Pflichten für die Frau und den Mann in der Familie beschrieben.

Wir Wilhelm, von Gottes Gnaden Deutscher Kaiser, König von Preußen etc. verordnen im Namen des Reichs, nach erfolgter Zustimmung des Bundesrats und des Reichstags, was folgt:

Viertes Buch. Familienrecht.

§. 1303. Ein Mann darf nicht vor dem Eintritte der Volljährigkeit, eine Frau darf nicht vor der Vollendung des sechzehnten Lebensjahrs eine Ehe eingehen. [...]

§. 1354. Dem Manne steht die Entscheidung in allen das gemeinschaftliche eheliche Leben betreffenden Angelegenheiten zu; er bestimmt insbesondere Wohnort und Wohnung. [...]

§. 1356. Die Frau ist, unbeschadet der Vorschriften des §. 1354, berechtigt und verpflichtet, das gemeinschaftliche Hauswesen zu leiten.

§. 1357. Die Frau ist berechtigt, innerhalb ihres häuslichen Wirkungskreises die Geschäfte des Mannes für ihn zu besorgen und ihn zu vertreten. Rechtsgeschäfte, die sie innerhalb dieses Wirkungskreises vornimmt, gelten als im Namen des Mannes vorgenommen, wenn nicht aus den Umständen sich ein Anderes ergibt.

Der Mann kann das Recht der Frau beschränken oder ausschließen.

§. 1360. Der Mann hat der Frau nach Maßgabe seiner Lebensstellung, seines Vermögens und seiner Erwerbsfähigkeit Unterhalt zu gewähren.

Der Unterhalt ist in der durch die eheliche Lebensgemeinschaft gebotenen Weise zu gewähren. [...]

§. 1362. Zu Gunsten der Gläubiger des Mannes wird vermutet, dass die im Besitz eines der Ehegatten oder beider Ehegatten befindlichen beweglichen Sachen dem Manne gehören. [...]

Für die ausschließlich zum persönlichen Gebrauche der Frau bestimmten Sachen, insbesondere für Kleider, Schmucksachen und Arbeitsgeräte, gilt im Verhältnisse der Ehegatten zu einander und zu den Gläubigern die Vermutung, dass die Sachen der Frau gehören.

§. 1363. Das Vermögen der Frau wird durch die Eheschließung der Verwaltung und Nutznießung des Mannes unterworfen (eingebrachtes Gut). [...]

§. 1376. Ohne Zustimmung der Frau kann der Mann:

1. über Geld und andere verbrauchbare Sachen der Frau verfügen [...]

§. 1388. Soweit der Mann nach den §§. 1385 bis 1387 der Frau gegenüber deren Verbindlichkeiten zu tragen hat, haftet er den Gläubigern neben der Frau als Gesamtschuldner.

§. 1389. Der Mann hat den ehelichen Aufwand zu tragen.

§. 1395. Die Frau bedarf zur Verfügung über eingebrachtes Gut der Einwilligung des Mannes.

§. 1398. Ein einseitiges Rechtsgeschäft, durch das die Frau ohne Einwilligung des Mannes über eingebrachtes Gut verfügt, ist unwirksam. [...]

§. 1401. Die Zustimmung des Mannes ist in den Fällen der §§. 1395 bis 1398, des §. 1399 Abs. 2 und des §. 1400 nicht erforderlich, wenn der Mann durch Krankheit oder durch Abwesenheit an der Abgabe einer Erklärung verhindert und mit dem Aufschube Gefahr verbunden ist.

Bürgerliches Gesetzbuch. Vom 18. August 1896. In: https://de.wikisource.org/wiki/B%C3%BCrgerliches_Gesetzbuch._Viertes_Buch._Familienrecht [10.07.2022].

Henrik Ibsen: Aufzeichnung zur Gegenwartstragödie (1878) [Auszug]

1878 zog Ibsen von München nach Rom und beschäftigte sich mit dem Drama in der Gegenwart. In dieser Zeit entstanden erste Entwürfe des Schauspiels »Ein Puppenheim«, das zunächst unter dem Arbeitstitel »Aufzeichnungen zur Gegenwartstragödie« stand.

Rom, 19.10.1878

Es gibt zwei Arten von geistigem Gesetz, zwei Arten von Gewissen, eins für den Mann und ein ganz anderes für die Frau. Sie kommen nicht überein; doch wird die Frau im praktischen Leben nach dem Gesetz des Mannes beurteilt, als ob sie keine Frau, sondern ein Mann wäre.

Die Ehefrau des Stückes ist am Ende völlig ratlos, sie weiß nicht, was Recht ist oder Unrecht; das natürliche Empfinden auf der einen Seite und der Autoritätsglaube auf der anderen bringen sie völlig in Verwirrung.

Ein Frau kann nicht sie selbst sein in der Gesellschaft der Gegenwart, einer ausschließlich männlichen Gesellschaft, mit von Männern geschriebenen Gesetzen und mit Anklägern und Richtern, die über das weibliche Verhalten vom männlichen Standpunkt aus urteilen.

Sie hat eine Fälschung begangen, und das ist ihr Stolz; denn sie hat es aus Liebe zu ihrem Mann getan, um ihm das Leben zu retten. Aber dieser Mann steht mit seinem ganz alltäglichen Ehrgefühl auf dem Boden des Gesetzes und sieht die Sache mit männlichen Augen.

Seelenkämpfe. Unterdrückt und verwirrt vom Autoritätsglauben, verliert sie den Glauben an ihr moralisches Recht und an ihre Fähigkeit, ihre Kinder zu erziehen. Bitterkeit. Eine Mutter in der Gesellschaft geht, wie gewisse Insekten hin und stirbt, wenn sie ihre Pflichten zur Fortpflanzung der Familie getan hat. Liebe zum Leben, zum Heim, zu Mann und Kindern und Familie. Ab und zu weibliches Abschütteln der Gedanken. Plötzlich wiederkehrende Angst und Entsetzen. Alles muss allein getragen werden. Die Katastrophe nähert sich unerbittlich, unabwendbar. Verzweiflung, Kampf und Untergang.

Bänsch, Dieter: Grundlagen und Gedanken, Drama, Nora oder Ein Puppenheim, Frankfurt a.M. 1991, S. 12 ff.

Paul Lindau: Theaterkritik zu Nora (1880) [Auszug]

Der Schriftsteller und Theaterleiter Paul Lindau (1839–1919) wurde vor allem als Theaterkritiker bekannt. Die folgende Kritik zu der Aufführung von »Nora« in Hamburg aus dem Jahre 1880 erschien in der von ihm redigierten Zeitschrift »Die Gegenwart. Wochenschrift für Literatur, Kunst und öffentliches Leben«, die eine konservative Tendenz vertrat.

Man ist gewöhnt, nur solche Stücke als unsittliche zu bezeichnen, in welchen geschlechtliche Verhältnisse in einer Weise behandelt werden, die dem öffentlichen Schamgefühl zuwider ist. In diesem Sinne lässt sich gegen das Ibsen'sche Drama natürlich gar nichts sagen. Gleichwohl muss ich dasselbe als ein in sittlicher Beziehung sehr bedenkliches bezeichnen, ja, es erscheint mir viel bedenklicher als die krassesten Ehebruchsdramen der französischen Schule. Hier werden mit großem dichterischen Talente und großer Beredsamkeit Gefühle und Gesinnungen ausgesprochen, die durchaus ungesund und die, wie ich fürchte, wie dazu gemacht sind, in das Fleisch und Blut ungesunder weiblicher Organismen überzugehen und das Arsenal der »Verkannten« um Prachtstücke ersten Ranges zu bereichern. Das Begriffsvermögen der beschränktesten Person reicht gerade so weit, um die reizvolle Rolle der Unverstandenen und Verkannten zu verstehen. Zu einer Nora bringt jede phrasenhafte und oberflächliche Frau das nötige Zeug mit. Dass Helmer, der ja sonst so klug ist, auf die lächerliche Verirrung Noras nichts zu erwidern hat, dass sie mit ihren kindischen, törichten, ungesunden Ideen den Sieg davonträgt und das Schlachtfeld verlässt, nachdem sie den stärkeren Gegner zu Boden geworfen hat, dass der Unsinn siegt und die Vernunft untergeht, – das ist es, was ich nicht anders denn als unsittlich bezeichnen kann.

Lindau, Paul: Nora. In: Die Gegenwart. Wochenschrift für Literatur, Kunst und öffentliches Leben. Berlin: Stilke, Bd. 18, Nr. 48 [27.11.1880], S. 348 f.

Wilhelm Bölsche: Die naturwissenschaftlichen Grundlagen der Poesie (1887) [Auszug]

Wilhelm Bölsche (1861–1939) war ein deutscher Schriftsteller und wurde vor allem durch seine Popularisierung von naturwissenschaftlichen Themen in Sachbüchern bekannt. Sein Buch »Das Liebesleben in der Natur. Eine Entwicklungsgeschichte der Liebe« (1898), in dem er kulturhistorisches Wissen über Sexualität und Liebeskonzeptionen populär aufbereitete, wurde ein Bestseller. Er war Teil des naturalistischen Friedrichshagener Dichterkreises und gab von 1890 bis 1893 für den Verleger S. Fischer die »Freie Bühne« heraus, die wichtigste kulturpolitische Zeitschrift des Naturalismus. In dem folgenden Auszug aus seiner literaturtheoretischen Schrift »Die naturwissenschaftlichen Grundlagen der Poesie« erklärt er Grundlagen des Naturalismus.

Der Dichter, der Menschen, deren Eigenschaften er sich möglichst genau ausmalt, durch die Macht der Umstände in alle möglichen Konflikte geraten und unter Betätigung jener Eigenschaften als Sieger oder Besiegte, umwandelnd oder umgewandelt, daraus hervorgehen oder darin untergehen lässt, ist in seiner Weise ein Experimentator wie der Chemiker, der allerlei Stoffe mischt, in gewisse Temperaturgrade bringt und den Erfolg beobachtet. Natürlich: Der Dichter hat Menschen vor sich, keine Chemikalien. Aber, wie oben ausgesprochen ist, auch diese Menschen fallen ins Gebiet der Naturwissenschaften. Ihre Leidenschaften, ihr Reagieren gegen äußere Umstände, das ganze Spiel ihrer Gedanken folgen gewissen Gesetzen, die der Forscher ergründet hat und die der Dichter bei dem freien

Experimente so gut zu beachten hatwie der Chemiker, wenn er etwas Vernünftiges und keinen wertlosen Mischmasch herstellen will, die Kräfte und Wirkungen vorher berechnen muss, ehe er ans Werk geht und Stoffe kombiniert. Wer sich die Mühe nehmen will, einen ganz flüchtigen Blick auf das Beste zu werfen, was Shakespeare oder Schiller oder Goethe geschaffen, der wird den Faden des psychologischen Experiments in jeder dieser Dichtungen klar durchschimmern sehen. Bloß jene Voraussetzungen waren vielfach etwas andere, und hier ist denn eben der Punkt, wo der Einfluss der modernen Wissenschaft sich als ein neues Element geltend machen und der Realismus, dessen Theorie wir zugegeben haben, praktisch werden soll. Es gilt, neue Prämissen für die weiten Experimente, die wir machen wollen, aufzustellen oder besser, sie uns von der Naturwissenschaft aufstellen zu lassen. Hier aber, beim Eintritt in die Praxis, wird die ganze Sache sehr schwierig. Wir haben bisher einer allgemeinen Erörterung Raum gegeben. Der allgemeine Zustand des Denkens in unserer Zeit und des Verhältnisses von Poesie und Forschung zueinander hat uns ein Geständnis abgezwungen, indem es uns ein Dilemma zeigte, aus dem es nur einen Ausweg gab. Wir haben uns einverstanden erklärt mit der versöhnlichen Richtung eines gesunden Realismus und sind vorgedrungen bis an den Fleck, wo die Berührung der exakten Wissenschaften mit derjenigen Definition der Poesie, die von allen am wissenschaftlichsten klingt, endlich stattfinden soll. Alle Vorfragen sind damit erledigt, und ich trete jetzt an das heran, was eigentlich den Kern des Ganzen ausmacht und zugleich ein solches Gewebe ernster Schwierigkeiten aufweist, dass ich eine eingehende Betrachtung derselben für die notwendige Basis jeder realistischen Dichtung sowohl wie jeder realistischen Ästhetik halte.

Bölsche, Wilhelm: Die naturwissenschaftlichen Grundlagen der Poesie. Prolegomena einer realistischen Ästhetik. Leipzig: Carl Reissner 1887, S. 5 f.

Paul Julius Möbius: Über den physiologischen Schwachsinn des Weibes (1903) [Auszug]

Paul Julius Möbius behauptet als Neurologe und Psychiater in seinem Essay, dass die Frauen bereits von Natur aus eine physiologisch geringere geistige Begabung hätten. Der nachfolgende Auszug stellt einige seiner Thesen dar.

Woher kommt dir, fragt man mich, der Zorn gegen »das neue Weib«? Sicher nicht aus persönlichen Erwägungen, denn ich stehe ganz allein und habe keine persönlichen Wünsche mehr, auch hat mir niemals ein neues Weib etwas zuleide getan. Dass ein wirklicher Zorn mich erfasste, das war bei Gelegenheit von Ibsens *Nora*. In diesem Stücke handelt es sich darum, dass die Nora, die als kleines dummes Frauenzimmer geschildert wird, schließlich auf und davon geht, weil ihr Mann sie ihrer Meinung nach als Puppe behandelt hat. Was Ibsen sich eigentlich dabei gedacht hat, weiß ich nicht; man bekommt ja in der Regel nicht heraus, was der Apotheker-Dichter will. Zu seiner Ehre möchte ich annehmen, dass er die Gesinnung, der Nora huldigt, mit grimmigem Hohne verspotte. Nun aber musste ich sehen, dass die Leute in der entarteten, halb verrückten Person, die ihre Kinder im Stiche lässt, weil sie sich einbildet, sie müsste ihr erbärmliches Ich ausbilden, eine Heldin erblickten. Das empörte mich und je mehr ich darüber nachdachte, umso abscheulicher und widerwärtiger kam mir die Sache vor. In der Tat kann die tiefe Unsittlichkeit des Individualismus gar nicht treffender gezeichnet werden, als es durch Noras Weglaufen geschieht. Einem Weibe, das der Mutterpflicht durch wilde Leidenschaft untreu wird, mag man verzeihen, eine Mutter aber, die ihre Kinder verlässt, weil sie sich nicht gebildet genug vorkommt, ist ein Scheusal oder, wenn man den Gesichtspunkt wechselt, eine Geisteskranke. Nora ist ein Theatergespenst, aber die Bewunderung, die sie gefunden hat, zeigt, dass etwas faul ist im Staate Dänemark. Wie kommt es, dass das Schlechte und Kranke gefällt? Ist das Volk selbst krank, sind unsere Weiber so entartet wie Nora? Ich meine, folgende Auffassung sei richtig. Die widernatürliche Denkart eines beträchtlichen Teiles der Lebenden, vermöge der die individuelle Ausbildung des weiblichen Geistes höher geachtet wird als die Erfüllung des Naturzweckes, ist den geistigen Epidemien zu vergleichen, ein Massenwahn, eine Suggestion durch eine krafterfüllte Idee. Sie ist also nicht eine eigentliche Geisteskrankheit, aber die Massensuggestion wäre nicht möglich gewesen, wenn nicht eine abnorme Geistesbeschaffenheit ihr den Boden bereitet hätte. Es gilt, zunächst die die Suggestion ausübenden Ideen zu betrachten, dann die Bedingungen ihrer Aufnahme. [...]

Keine Idee glänzt mehr als die der Freiheit, sie hat eine ganz unvergleichliche Kraft der Suggestion während des lawinenartigen Anschwellens des Liberalismus erlangt. Alles musste befreit werden, und schließlich auch das Weib. Freiheit des Weibes heißt die berauschende Suggestion. Freiheit wovon? Natürlich von allen Banden, müsste es konsequenterweise heißen, Freiheit von Vorurteilen, Freiheit vom Manne, Freiheit vom Kinde. So konsequent war man freilich nicht, es hieß zunächst: Menschenrechte. Dass es keine abstrakten Menschen gibt, war gleichgültig, das Weib sollte aufhören, ein Weib zu sein, »ein freier Mensch« werden. Mit diesem Köder werden heute noch die Fische gefangen. Bei näherer Betrachtung muss man sich sagen, dass es ein großer Unterschied ist, ob der Mann oder das Weib sich bedingungslos der Suggestion der Freiheit ergibt. Dem Manne, mag er ein körperlich herumschweifender Jäger oder ein geistig herumschweifender Denker sein, ist ein gewisser Grad von Freiheit Lebensbedürfnis. Das zärtliche Weib will gar keine Freiheit, ihr Glück hängt geradezu von der Gebundenheit ab. Das hängt mit der Verschiedenartigkeit der Zwecke zusammen. Der einseitige Liberalismus des Mannes ist eine Übertreibung, ein Zuweitgehen auf dem rechten Wege, der des Weibes ist wider die Natur, ein falscher Weg. Man kann daher nicht sagen, dass der moderne Individualismus des Mannes, wenn er auch zu Verkehrtheiten führt, notwendig krankhafte Beschaffenheit voraussetze. Man muss aber sagen, dass der weibliche Individualismus ohne diese nicht möglich sei. Worin besteht die krankhafte Beschaffenheit, die das Weib für die Suggestion der Freiheit empfänglich macht? In der modernen Nervosität. Ein wesentliches Merkmal der Form der Entartung, die wir Nervosität nennen, besteht in dem Unsicherwerden der natürlichen Triebe. Je gesünder der Mensch ist, umso entschiedener ist er Mann oder Weib. Beim nervösen Menschen aber treten mannweibliche Züge auf, weibische Männer und männische Weiber erscheinen. Das Denken, dem der feste Rückhalt fehlt, wird unsicher, der Mensch weiß nicht mehr recht, was er will, er strebt nach allen Seiten, aber die ausgestreckten Hände fassen nichts; viele Wünsche und wenig Kraft. Ich kann hier das Nähere nicht auseinandersetzen, will nur betonen, dass die Nervosität nach meiner Überzeugung die Hauptbedingung für den weiblichen Individualismus ist, dass das gesunde Weib die täuschenden Freiheit-Suggestionen vom sicheren Instinkte geleitet abweist.

> Möbius, Paul Julius: Über den physiologischen Schwachsinn des Weibes. Halle: Marhold 1903[5], S. 74–77.

Wally Zepler: Individualismus (1909) [Auszug]

Wally Zepler (1865–1940) organisierte von 1908 an in den »Sozialistischen Monatsheften«, einer sozialdemokratischen Zeitschrift, die Rubrik zur Frauenbewegung. In einem Aufsatz setzt sie sich mit der Bedeutung von Henrik Ibsen für die Arbeiterbewegung auseinander.

Henrik Ibsen gälte uns nicht als der große Denker und Dichter der Menschenseele, den wir in ihm verehren, wäre der Ideenkreis seines Lebenswerkes nicht so reich, dass wir ihn unter sehr verschiedenen Gesichtspunkten sehen und zusammenfassen können. So erschöpft es ihn gewiss nicht, sondern bleibt eine Abstraktion wie jede andere, wenn wir sagen: Ein Gedanke hat den Dichter durch sein ganzes Leben verfolgt und beschäftigt: der Kampf zwischen Altruismus und Egoismus. Es erschöpft ihn nicht, aber es ist doch die Idee, die sich am klarsten und einheitlichsten durch alle Ibsen'schen Werke zieht, von der Lyrik seiner Jugend, in der der erwachende Genius anfängt, sich seines Wesens bewusst zu werden, bis zu den letzten tiefsten Schöpfungen des Alters. Das Problem selbst bleibt nicht das gleiche in Ibsens verschiedenen Lebensepochen; es wandelt sich mit der Seele und dem Lebensinhalt des Dichters und wie diese sich weiten und vertiefen, nimmt es immer neue mystischere und reichere Formen an. [...]

Sobald Ibsen in die Welt der praktischen Wirklichkeit hinübergeht, sobald er die Reihe seiner bürgerlichen Dramen beginnt, wird deshalb auch bei ihm das alte Rätsel zu einem anderen und neuen. Es tritt nun in der Realität des Lebens, in dem Verhältnis bestimmter Menschen zueinander, in der Ehe, der Freundschaft, der Liebe auf. Das *Puppenheim*, das die Frauenwelt so mächtig erfasste, wie nur je ein dichterischer Gedanke lebendige Menschen erfasst hat, in dem sie den Ausdruck glühenden Kampfeseifers für die Befreiung des Weibes sah, ist für den Dichter selbst vielmehr nur der Ausdruck dieses alten Problems der Selbstbehauptung im Menschen, diesmal der Selbstbehauptung des Weibes in der Ehe. Dass hier Selbstbehauptung zugleich Befreiung von bestimmten wirtschaftlichen und gesellschaftlichen Fesseln bedeutet, sieht er wohl mit dem scharfen Blick für das Reale, der ihm eignet: Aber Folgerungen solcher Art sind ihm das Nebensächliche. Eine selbstverständliche politische Notwendigkeit, die er den politischen Kämpfern überlässt, nicht aber das eigentliche innerpsychische Problem, das ihn allein beschäftigt. Dass Ibsen zur Befreiung des Weibes in diesem Sinne steht, hat er den Frauen, die ihn als den Kämpfer ihres Geschlechts ehren wollten, in klaren Worten gesagt. Für den Kenner Ibsen'scher Gedankenreise war es auch ohnedies vollkommen klar. [...]

Der Individualismus lag in der Luft. Die Sehnsucht nach Befreiung der Einzelpersönlichkeit, die Loslösung von den Fesseln des Glaubens, der Sitte, der Familientraditionen in der Zeit

Nietzsches und Ibsens war eine geschichtliche Notwendigkeit, historisch erklärbar aus den Umwälzungen in der Naturwissenschaft und Technik, aus der wirtschaftlichen Revolution, die das gesamte soziale Gefüge der Menschheit wanken machte. Erklärbar aus der gewaltigen geistigen Gärung einer Generation, vor der so alles zu versinken schien, was sie bis dahin kannte, die eine neue Welt heraufsteigen sah und die den Kampf für dieses revolutionäre Neue, den Umsturz der morschen alten Gesellschaft, glühend miterlebte. Wirtschaftlich, sittlich, künstlerisch: Überall brach das Alte zusammen; überall herrschte ein dunkles Chaos, aus dem sich neue Formen zu gestalten strebten. So nahm auch der Individualismus, der Bruch mit dem Traditionellen die verschiedensten Formen an und verkündete das Recht auf Selbstherrlichkeit des Einzelmenschen, der eigenen Neuwertung aller menschlichen Beziehungen auf sämtlichen Gebieten des Lebens.

Zepler, Wally: Individualismus. In: Sozialistische Monatshefte, H. 15 (1909), S. 888–901.

Elfriede Jelinek: Was geschah, nachdem Nora ihren Mann verlassen hatte oder Stützen der Gesellschaft (1979) [Auszug]

Die österreichische Schriftstellerin Elfriede Jelinek greift Ibsens Drama »Nora« auf und setzt das Geschehen fort, indem sie es in die Zwanzigerjahre des 20. Jahrhunderts verlagert. Das Stück beginnt mit Noras Weggang aus der Familie und zeigt Noras Scheitern an den gesellschaftlichen Bedingungen. Jelinek setzt sich kritisch mit dem zeitgenössischen Feminismus auseinander, der ihrer Meinung nach die ökonomischen Zwänge ausblendet. Die Uraufführung fand am 6. Oktober 1979 statt.

NORA Ich bin keine Frau, die von ihrem Mann verlassen wurde, sondern eine, die selbst tätig verließ, was seltener ist. Im Augenblick flüchte ich aus einer verwirrten Gemütslage in einen Beruf.

PERSONALCHEF An mir können Sie sehen, dass ein Beruf keine Flucht, sondern eine Lebensaufgabe ist.

NORA Ich will aber mein Leben noch nicht aufgeben!

PERSONALCHEF Wissen Sie überhaupt, in welcher Branche wir uns befinden?

NORA Oh, ich bin mächtig neugierig. Ich habe die Tür hinter mir zugeworfen, was bedeutet, dass es kein Zurück mehr gibt, sondern nur mehr ein Vorwärts. Das fällt einem Mann leichter. Die Frau muss das erst üben.

PERSONALCHEF Haben Sie Zeugnisse?

NORA Mein Mann hätte mir sicher das Zeugnis einer guten Hausfrau und Mutter ausgestellt, aber das habe ich mir in letzter Sekunde vermasselt.

PERSONALCHEF Wir verlangen hier Fremdzeugnisse. Kennen Sie denn keine Fremden?

NORA Mein Gatte wünschte mich häuslich und abgeschlossen, weil die Frau nie nach den Seiten schauen soll, sondern in sich hinein oder zum Mann auf.

Jelinek, Elfriede: Was geschah, nachdem Nora ihren Mann verlassen hatte oder Stützen der Gesellschaft. München: dtv 1982, S. 170.